让心灵的黑夜变得明亮起来

本丛书是一套专门给12岁到18岁这个年龄段的青少年阅读的人生励志及人生哲学图书。旨在帮助青少年成为人格独立、品德高尚、心理健康、思维活跃、情感丰富、全面成长的阳光公民。

一

我们精选了30个能体现现代人生哲学和青春密码的汉字，围绕每个汉字，从中外有真情实感、意味隽永的小品文中选编了能体现、说明这个汉字内涵和外延的文章，从不同层次、多个角度来阐述和探索我们所思考的主题。

丛书共分感动卷、青春卷、智慧卷三个系列。

感动卷包括“家”“恋”“爱”“惜”“念”“生”“仁”“禅”“励”“悟”。从情感入手，探索人性的表象和内在，感知社会表象下面的真实存在，梳理人与人、人与事之间的各种关系，给社会转型时期形成的很多人生疑问和困惑一个简单、清晰、正确的目标和方向以及一些基本的原则，帮助我们构建善良、友爱、真诚的情感世界。

青春卷包括“缘”“恒”“砺”“慕”“志”“惑”“奋”“怅”“蜕”“狂”。从人格成长的角度出发，结合我们成长过程中遇到的各种社会难题，突出青春的张力、生命的激情，让自尊、独立、坚韧、友爱这些公民在现代社会中所必须具备的品格清晰化、明确化，在心灵层面上剖析生命的真实价值，滋养、构建当下青少年更加积极、坚韧、博大的人格世界。

智慧卷包括“善”“因”“容”“追”“新”“勤”“舍”“谦”“和”“勇”。从人的智慧启迪这一角度出发，突出当下人们所经常面对的热点问题及由此衍生出来的智慧和人生哲学。人生处处有智慧，每个人、每件事因智慧的存在而变得可爱和美好，点点滴滴的智慧可以美化当代青少年的心灵。

二

本书所编选的文章，大都比较短，但意蕴深长，阅读的引导和感悟简洁，适合青少年阅读。

本书所选文章的作者，有中国的，有外国的，有的声名远播于世界，有的著名于一国。有的像隐士，名气不十分大，但却如一盏灯，在自己居住的城市或乡村，在生活和工作中耕耘思想，用思想中的光亮和温暖去影响着周围的人。可以这样说，所有的作者，都是思想者，是光明的传播者，他们无一例外都在探索人类心灵的世界，把真善美的光明传递给我们。

我们特意在每本书中选编了几首诗歌，诗歌是人类思想的灵魂，读一首清新隽永的诗，可以让你的心灵增加一份美丽。

三

读书可以让心灵的黑夜变得明亮起来，读书可以让夜行人看见天边的北斗，读书可以让远航的船只看见灯塔！当生命纠结得一塌糊涂时，读书可以让人清醒，让人振奋！

从青春年少到疲惫的暮年，你所向往的足以让你心灵宽慰、满足、惬意的神奇的地方，就在你的心灵里，当你的心里充满了阳光，当你的心灵因为到处是光明而没有遮碍，那些有形无形的墙就自然消失了，那些原本出不去的城堡，也就会有了向你敞开的大门！

这时，你就可以听见世间万物的低语，他们如大地上的风，在四季，在任何地方，从任何方向，向你诉说着他们心底里珍藏的声音……

主编：严文科

花开时节 一往情深

主　编：严文科

副主编：王小丹　李雁彬　习一帆

長江出版傳媒 | 湖北教育出版社

(鄂)新登字 02 号

图书在版编目(CIP)数据

花开时节 一往情深/严文科主编.
—武汉:湖北教育出版社,2015.6(2021.4 重印)
(心灵物语)
ISBN 978-7-5351-9735-1

Ⅰ.花…
Ⅱ.严…
Ⅲ.阅读课-中学-课外读物
Ⅳ.G634.333

中国版本图书馆 CIP 数据核字(2015)第 065289 号

花开时节 一往情深 HUA KAI SHI JIE YI WANG QING SHEN

出品人	方 平		
责任编辑	李 镧	责任校对	刘慧芳
封面设计	牛 红	责任督印	张遇春
出版发行	长江出版传媒	430070	武汉市雄楚大街 268 号
	湖北教育出版社	430070	武汉市雄楚大街 268 号

经 销 新 华 书 店
网 址 http://www.hbedup.com
印 刷 湖北恒泰印务有限公司
地 址 武汉市江夏庙山开发区汤逊湖工业园
开 本 880mm×1230mm 1/32
印 张 8.25
字 数 191 千字
版 次 2015 年 6 月第 1 版
印 次 2021 年 4 月第 2 次印刷
书 号 ISBN 978-7-5351-9735-1
定 价 19.80 元

目录

contents

第三辑 / 时光是一趟不回头的列车

第四辑 / 活在当下，知足常乐

第五辑 / 每个美妙瞬间都值得收藏

第六辑 / 惜一朵花，青春无悔

第七辑 / 你是上帝给我的最好礼物

第八辑 / 爱的光辉映着内心的珍惜

第一辑

·生命是一朵需要滋养的花

我喜爱生命，十分热爱它，只要生活中一些小事使我愉快，活下去的信念就更加热切，虽然是平凡的日子，活着仍然是美妙的。这份能力，来自那枝小草的延伸，将这份债，不停地还下去，就是生存的快乐了。

心灵佳句

为了小宝宝的诞生，它不吃不喝、一动不动地在那里站立了两个多月呀！

为了孩子，它们不辞辛苦，轮流往返于大海和陆地，真像是一场爱心接力。母爱伟大，父爱同样伟大。

爱的接力

赵盛基

摄影师在冰雪覆盖的南极拍下了帝企鹅这样一组镜头。

在远离海边的地方，雌企鹅产下了一个蛋。雄企鹅来了，雌企鹅倒腾着笨拙的双脚，小心翼翼地把蛋推给雄企鹅。雄企鹅并拢双脚，配合着雌企鹅将蛋拨弄到自己的脚背上，再沉下身子，用肚皮把蛋盖住。看起来笨笨的企鹅，这一切做得都是那么迅速、快捷。它们知道，零下几十度的严寒，如果不快速交接完成，企鹅蛋就会被冻成一个冰疙瘩，企鹅宝宝就永远也不会面世了。

交接完了，雌企鹅朝大海的方向走去了，它要去捕食，以补充怀卵和生产所消耗的体能，同时，也好给未来的宝宝带回食粮。这里只剩下了一群雄企鹅。它们双脚紧并，尾部撑地，静静地立在那里，用脊背挡住风雪，把蛋紧紧地护在腹下，它们承担起了孵化小生命的漫长而艰辛的重任。

60多天之后，小企鹅终于破壳而出，一个小生命诞生了。雄企鹅高兴极了，但是它也疲惫极了。为了小宝宝的诞生，它不吃不喝、一动不动地在那里站立了两个多月呀！它的体能几乎消耗殆尽，急需补充营养。但是，它还不能动。一是这里远离大海，没有任何食物；二是小宝贝刚出生，还不能经受大风大浪，它不能带小宝宝出海，它要看护着小宝宝等妻子回来。

真的是心有灵犀，恰好这时，去大海里捕食的雌企鹅回来了。凭着叫声，它一眼就认出了企鹅群中的丈夫和孩子。它从丈夫手中接过了孩子，从嘴里吐出食物喂到它的嘴里。

雌企鹅回来了，雄企鹅彻底放心了，它告别妻小，向大海走去。它要去大吃一顿，养精蓄锐，建设家园，等小宝宝长大了好把它们母子接来生活。

摄影师的镜头记录了雌雄企鹅养育小宝宝的全过程。为了孩子，它们不辞辛苦，轮流往返于大海和陆地，真像是一场爱心接力。

母爱伟大，父爱同样伟大。

感动微信

生命的诞生，是天地间的奇迹，需要耐心的守护。零下几十度，四个月乃至更长时间的期盼与等待，小企鹅才得以破壳而出，这是一场爱的接力。

如果把母爱比作是一枝盛开的百合，在每个角落中散发着它迷人的芳香，那么父爱就是一株茉莉，它在某个角落中默默地吐着它那清新的芬芳！一个脆弱的生命，在父母的坚守和呵护下成长，爱是责任，是守护，是数十年如一日的行动，是含着血泪的奉献，这种爱是无法言说的，我们只能感动地说父爱如山，母爱如水。

人类的延续，万物的繁衍，都系之“爱”。爱父母，爱生活，爱微笑，爱一切可爱的事物，让我们尽情去爱吧！

（一凡）

心灵佳句

景物缓缓流动着，像被刀子削得毫无棱角、形状奇特的石头映入眼帘，我不时停下脚步，注视着石头不可思议的外形。

活着真好

[日本] 石田裕辅　清辉（译）

这是发生在戈尔威这个港口城市的事。

我把自行车停在候船的队伍后，站在前面的女子回过头来，是一位让人眼前一亮的日本美女，我的心开始扑通扑通跳起来。她穿着修长的牛仔裤，留一头野性的短发，向我露出微笑："你是一个人旅行吗？"

我回答说是的，然后听到她喃喃："哎呀……"反应略带奇怪。我实在不知该如何应答，真是个奇怪的人哪，我想，虽然看起来外表精明，举止却散发着慢条斯理的柔和。

终于可以上船了。不久后船即起航，目的地是爱尔兰观光的焦点——阿伦群岛。

我在船上就和刚认识的永子小姐聊起来，她说自己已经32岁了，但看起来最多不过二十五六岁吧。她从事美容造型业，每年工作六个月，剩下的半年时间总是旅行。

"你只有这些行李吗？"我问道。她身边只有一个小小的背包。

“对呀，我只准备一套换洗衣物，剩下的都穿在身上了。”

“不过，我还带着这个哟！”她从背包里拿出CD随身听，背包里头还有不少CD。

“我需要音乐。”她脸上露出满足的笑容，“一边欣赏美景，一边听着音乐，我就想哭，觉得能活着真是太好了。”

她的话中有些东西让我胸口一紧，我凝视她的脸。

“明年我想去加拿大玩，有没有好的景点推荐一下？”

“罗伯森山的健行步道可是很棒的哟！”

“我没法爬山。”

“为什么？”

“因为我有一条腿是假肢呀！”

她依然满脸笑容地说着。一时之间，我不知道接下来该说什么话才好。

“日常走路完全没什么问题啦，不过昨天找旅馆时走了一个多钟头，现在大腿装假肢的地方还在痛呢！”

我终于明白她的行李为什么会少成这样了。

一上岛，我马上先走一步去找旅馆，然后带永子小姐过去，最后才去露营区扎营。途中我看到岛上最大观光景点“褐安古斯石堡”的入口，停下自行车，走进去看看。

在陡峭的碎石山路上爬行约15分钟，视野突然开阔，一片碧蓝的大海展现在眼前。

“太棒了……”在那里，可以看到标高似乎有1000米的断崖绝壁。

晚上我和永子小姐会合，到镇上的酒吧喝酒。她说只要能喝到啤酒就觉得幸福，也真的开开心心地喝着。而且，这可是好喝的吉尼斯啤酒呢，我们接连喝了好几杯。两个人喝得很愉快，也醉得差不多了，不停说着耍蠢的趣事，接着聊到彼此的童年。话题一转到她的脚，气氛突然静了下来。

“我12岁时得了骨肉肿，结果就截肢啦！尽管这样，救活的几率也只有百分之几，我的运气真的很好。”

完全没想到她那么小就开始行动不便。我说不出话来，只能凝视着她那依然笑着的侧脸。

“现在我反而觉得少一只脚也不赖哟！有人对我说，由于这样我对事情的看法才和别人不同，这倒也是。”说这些话时她一点也不介意，柔和的表情中完全感受不到丝毫勉强。

临别之际，我终于说出一直难以启齿的话：“今天我去了褐安古斯石堡，不过山路真的很难走。”

“这样啊，那我可能去不了了。”

“不过……如果你愿意的话，我想我可以扶你走。”

我有点担心她会拒绝，没想到永子小姐露出非常自然的笑容，“谢谢，那就拜托你啦。”这让我松了一口气。

隔天，我们约好在褐安古斯石堡入口会合，开始一起爬山。我扶着她的手肘步行，她说手牵手走路反而没有安全感，会让人害怕。一步一步慢慢前进，步调非常缓慢，我们一起这么走着，我才开始惊讶，她是用这种速度旅行的呀！

在半山腰，我发现路旁开满了奇异的红花，像打开的降落伞。昨天我一个人爬山的时候，只注意到有红色的花，完全没留意它那不可思议的形状。我和永子小姐分享着这件事，她好像早就注意到了，兴味盎然地看着这些花朵。也许正是用这种速度来生活，她才能够发现许多被我遗漏的东西。

用了近一个小时，终于爬上山顶，大海就像天空一样辽阔。

“哇！我好高兴！”永子小姐大喊着。

脚下的远处有破碎的白色波浪；往侧面一望，可以看到整座岛上遍地布满白色的遗迹群落，有上百座。永子小姐听着随身听眺望这壮阔的风景，我画起素描来。接着我们到悬崖边散步，她突然俯身倒在毛茸茸的草地上，我赶忙过去抱起她，她满脸微笑：“没事啦，我是故意的。我就是想这样躺在草地上打滚，很舒服呢！”

这一刻，不知为什么，她看起来好自由自在。

那天晚上我们买了一大堆啤酒，坐在港口边的长椅上喝着。她说明天要搭早上的船回去，而我打算留下来继续环游这座小岛，还得三四天时间。我们畅谈着旅途的趣事，然后握手告别了。若是可以的话，我想为她送行，但我扎营的露营区离港口还有好长一段路程。

可是，第二天早上睁开眼睛，我又突然改变了主意。看看表，时间似乎还来得及，我跳出帐篷，脸也没洗就跨上自行车，全力加速飞奔上路。到港边时，船刚好要起航。我对着船不断喊她的名字，快要放弃时，甲板上终于露出了她的脸。

永子小姐一手拨开在风中飞舞的头发，露出满脸柔和的笑容。她的声音被引擎嘈杂的噪音盖过了，我也大声叫喊着，不知道她是否听到了。不过也无所谓，能看到她的笑容就足够了。

之后，我独自爬上另一座断崖，听着随身听传来的电影配乐，用昨天学会的速度前进。景物缓缓流动着，像被刀子削得毫无棱角、形状奇特的石头映入眼帘，我不时停下脚步，注视着石头不可思议的外形。

随身听传来庄严的交响乐，站在悬崖顶上，眼前是一片广阔的大海。“一边欣赏美景，一边听着音乐，就会觉得能活着真是太好了。”脑海中，不断回荡着永子小姐说过的这句话。

感动微信

“一边欣赏美丽的风景，一边听着音乐，就会觉得能活着真是太好了。”这是一个经过了无数次痛苦挣扎的心灵由衷的喜悦。就像一块石头被刀子削得毫无棱角一样，而这样的石头总是与众不同的，就像文中装有假肢的日本女孩一样。生命的意义，不在于能储蓄多少金钱，而在于享受多少大自然的美景。

特别的人不是天生就特别，只是经历了太多的风雨雷电，比一般人多了一些承受磨难的特殊心理。不经风雨，就看不到心灵里的彩虹。或许这个女孩曾经沮丧过，但最终站了起来，而且喜欢游历世界，这大约是她与残疾在做无声的挑战。

敢于挑战自己，残缺的只是躯体，而不是心灵。

（刘秀霞）

心灵佳句

经历了这些灾难，除了让人感叹生命的脆弱和无常外，我的内心还升腾了一种对生命的敬畏感。

“鼹鼠饮溪，不过一瓢。”那么，不如从容处世，善良为人，名利随缘，顺应自然吧。只有懂得了这些道理，我们才不会患得患失，常常计较是喜是悲。这样，在往后的日子里，无论面对怎样的厄运，我们都会活得更无所畏惧，更加真实和坦然。

生命中有些事是不可预料的

唐慧忠

一场远在数千千米外的大地震，震撼和揪疼了我的心。那天，我的房子，也像我的心一样，在微微地颤抖。随之而来的，是电视、报纸、网络上一幅幅不堪入目的悲惨景象。在地震区，房子倒塌了，水、电、交通中断了，高速公路扭得像一根粗大的麻绳。有许多无辜的群众在地震中身亡，还有许多无助的群众，在倒塌的废墟中挣扎……四面八方赶来救援的人，在争分夺秒地刨地救援。远在千里之外的我，有几分爱莫能助，只能怀着悲痛的心情，往灾区公布的账号里汇入一笔微不足道的爱心款。

又想起前几年，发生在我身边的一件事。那天深夜，因百年不遇的暴雨引发泥石流，一夜之间，十几个村庄顿时成了泽国，数十条鲜活的生命在睡梦中成了冤魂。

灾后，一位宣传部的朋友去现场采访。他回来后，给我讲了一个真实的故事。

救援人员在一栋房子里找到一具老人的尸体。房子因被泥石流冲淹，积了齐腰深的淤泥。在救援人员清理淤泥时，发现了这具已经僵化的尸体，他瞪着的眼睛里满是淤泥，穿在身上的马褂被泥水冲掉了，赤身裸体地立着马步，双手做着一个举东西的动作，像一尊英雄的青铜雕像。

救援人员在清理尸体时，为便于包扎，想把老人的腿拉直、将手弯下来，但数个大男人费了好大的劲，都没能如愿。事后，老人的家人悲痛欲绝地给朋友讲述了当天夜晚出事的全部经过。

当洪水冲来的时候，大门被洪水封住了，一股股洪水从门缝里汹涌而入，刚从睡梦中惊醒的家人顿时乱成一团。看着门外愈涨愈高的洪水，从大门口逃生已不可能。外面漆黑一片，为了让儿女和老伴抢先逃生，老人便在下面架起了一座人梯，让他们一个个踩着肩膀和高高擎起的手心，从屋顶爬了出去。最后，当家人回头救援老人时，因仓促中没有预备绳索和梯子，众人一时束手无策，这时，一股巨大的泥石流冲过来，将老人淹没了。他的家人喃喃自语地说："事情来得太突然了，仿佛妖孽就藏在你的身旁，某一天说来就来了，不及你回过神来，便将你的亲人从你身旁夺了过去。"

在这场天灾中，还有七位执行公务回家的乡干部，得知突如其来的险情后，他们舍生忘死，一路组织沿河群众转移到安全地带，最后，他们被洪水围困，六人被洪水无情地卷走了。

这些人的年龄大多和我相仿，正值青春韶华，事业和人生才刚刚起步，上有年迈的父母，下有幼小的儿女，看着电视上英雄们的遗像，遗像下一排儿摆放开来的骨灰盒，还有亲人们撕心裂肺的哭喊，那是叫人多么悲伤的情景啊！

灾难过去，留给人们的是无尽的悲痛和创伤。灾难来临时没有一丝预兆，祖祖辈辈居住的故土，怎会在一夜之间遭受灭顶之灾呢？它来得那么突然，让人来不及细加思虑，便要面对背井离乡、亲人离去的残酷现实。

经历了这些灾难，除了让人感叹生命的脆弱和无常外，我的内心还升腾了一种对生命的敬畏感。我们的人生之路，往往因先天的不足、环境的变化等不可预知的因素制约，许多选择都是被动的、无奈的。在不可抗拒的天灾面前，我们极有可能连生存的基本权利都会受到挑战，比如地震，比如海啸，比如就发生在我面前的山洪。

月有阴晴圆缺，人有不测风云。面对天灾，我们应该迎难而上、众志成城，一方有难、八方支援。面对人生，我们又要选择什么样的生活态度呢？生命中有些东西是可求的，而有些东西更是不可预料的。知道什么是自己应该追求的，知道什么是不可逆转的，知道用什么方式实现梦想，知道用什么心情面对苦难，我们都应该拥有一颗平常心，用这颗平常心去看待身边的物物事事。

“鼹鼠饮溪，不过一瓢。”那么，不如从容处世，善良为人，名利随缘，顺应自然吧。只有懂得了这些道理，我们才不会患得患失，常常计较是喜是悲。这样，在往后的日子里，无论面对怎样的厄运，我们都会活得更无所畏惧，更加真实和坦然。

感动微信

生命是一朵花，只开放一次就会凋零；生命是一支蜡烛，从被点燃的那一刻就会越烧越短；生命是一条单程道，不论你怎样转弯抹角都不会走回头。在人生行进的过程中，还可能会有狂风暴雨和悬崖绝壁等着随时终止你前进的路途。你一旦明白和接受这一点，人生就简单得多了。人生短短几十年，会面临许多不可掌控的无常，试问：我们哪里还有时间去忧伤？甚至我们都不应该去回忆。有一个广告：人生就像一场旅行，不必在乎目的地，在乎的，是沿途的风景，以及看风景的心情。我们时刻都应该想着自己的生命旅程——要向前！要快乐！

（靳志刚）

心灵佳句

是呀，人心难测，世事艰难，父母永远是我们最后最安稳的港湾。

落魄时，我们最不想见到的，必是我们心里最放不下的人。这往往是一些曾给我们带来痛苦的人，比如前女友，比如旧同事。而我们落魄时最想见到的，必是最在乎我们、最关爱我们的人。是那些能给我们无私帮助的人，比如父母，比如兄弟！

落魄时，你最怕见到谁

朱国勇

同学相聚，热热闹闹一大桌。刚开始，情绪浓烈。酒过三巡，场面慢慢安宁下来。大家闲闲地坐着，互相聊着。一个同学忽然说起了一段往事：

那一年，他在深圳，一连三个月都没有找到工作，身上的钱很快用完了。晚上，睡在冰冷的桥洞里，白天去餐馆里吃别人剩下的饭菜。有一天，他正趴在餐桌上，狼吞虎咽着一盒剩饭。突然，他发现有一个人正吃惊地看着他。抬头一看，竟然是他大学时苦追三年不得的女同学。那一刹那，他有一种被人剥光衣服般的羞耻，恨不得找个地缝钻下去。他飞似的逃走了。

那天，他站在立交桥上哭了很久，要不是念着年迈的父母，他早就跳了下去。最后，同学总结说：“真比杀了我还难受！”

大家听了，纷纷感慨。最落魄时，遇见前女友，还有比这更让人难堪的吗？只要是男士，只怕没有不认同这一点的？

说完了，同学一摇头，坐直了身子，振作起了精神：“大家都来说说，最落魄时，你最怕遇见谁？”

一个男同学说得有点伤感：“我的初恋女友和我感情很好，她家世良好，贤淑美丽。可是她的父母嫌我穷，嫌我不够机灵。无奈，我们只好分手了。如果有一天，我十分落魄，我最不愿见到的，就是她的父母。”

另一个男同学说：“我初中有个同学，下海发了财。有一次同学聚会，他言语尖刻地说我寒酸。我一气之下也下了海。如果有一天，我的生意陷入了低谷，我一定不想遇见他。”

一个女同学也幽幽说道：“我和前夫，其实感情不错，都是婆婆在中间撺掇。如果有一天，我生活上不如意，我一定不想让她知道。”

女同学有过一段失败的婚姻，大家听了，都黯然无语。

老班长也来了兴致：“不想见的就不要说了。现在来说说，落魄时，你最想见到谁？”

老班长喝了杯茶，清了清嗓子：“我先说。前些年，我下岗了，房贷没还完，孩子要读书，妻子又生病了。这是我一生中最灰暗的日子。那些日子，我最想父母，真想躲到父母的怀里大哭一场。”说着说着，那语调就变得深沉而伤感。

是呀，人心难测，世事艰难，父母永远是我们最后最安稳的港湾。

有一个同学说，他最想见他姐。他的父母去世得早，姐姐便成了他最贴心的人。一有烦心事，总要给姐姐打个电话。听着姐姐细心温柔的安慰，就好受多了。还有一个同学说，他最想见他的导师，导师学识渊博、阅历丰富，一定可以给他一些中肯的建议……

回家的路上，我久久地思索着同学们说的话。落魄时，我们最不想见到的，必是我们心里最放不下的人。这往往是一些曾给我们带来痛苦的人，比如前女友，比如旧同事。而我们落魄时最想见到的，必是最在乎我们、最关爱我们的人。是那些能给我们无私帮助的人，比如父母，比如兄弟！

感动微信

一位心理专家说：你最在乎的人和最在乎你的人，他们构成了你生命的左脚和右脚。你往前的每一步，都被他们驱使着。我们总会遇到很多人，我们喜欢的，不喜欢的，但是我们都必须认真地面对他们。因为他们存在于我们的生活圈儿里，存在于我们心里。我们每做一件事，都会有他们的影子。试想一下：如果没有这些人，我们的生活会是什么样子？因此，不管他们是我们心里最放不下的人，还是最关爱我们的人，我们要从内心深处感谢他们，正因为他们来到我们的生命里，从而使得我们不再孤独。

（靳志刚）

心灵佳句

我明白，这绿意，是生命之于生命的一种用心呵护的结果。

对面窗台上的女孩

张祖文

我在新搬房子的阳台上浇花时，发现对面窗台上总有一个小女孩在看我。

小女孩很漂亮，头发很长，只是脸有些苍白，让人看了，会无端地生出一种怜爱。只要发现她在看我，我一般都会向她笑一笑，小女孩往往也会回报我一个灿烂的笑容。

好多天，我都有意无意地在窗台上摆弄着那些花。而小女孩，也就经常和我隔着一个窗台见面。

每每看到我在呵护着那些花，小女孩的脸上就会自然流露出一种羡慕之情。我看到她家阳台上空荡荡的，什么也没有。

一天，我问她，过来和阿姨一起弄吧？

两栋楼的距离不是很远，听到我这句话，她的脸上明显有了一种惊喜，但很快地，却又恢复了自然，并向我摇了摇头。

我问，怎么了？

她说，爸爸不准我一个人出去。

那你妈妈呢？

我没有妈妈。她落寞地对我说。

我有点意外，又说，看你也这么喜欢花，那阿姨给你送一盆过来，你自己弄弄，怎么样？

小女孩非常惊喜，但马上又说，但我爸爸……

你爸爸不准？是不是？我笑了，阿姨把花放在你门前，你过一会儿自己开门去拿就行了，怎么样？

小女孩的脸上绽开了花一样的笑容。

于是，在往后的日子里，我们这两个对着的阳台，就有一老一少两人，在一起摆弄着花。

我发现小女孩比我对花还要好，还要细心。每天，她都是早早地就给花浇水，一天还要浇好多次，但每一次都浇得很少，说是花也要“少吃多餐”。那盆花是喜光植物，所以，从上午到下午，她就不停地在阳台上变换着花盆的位置，以适应阳光的变化。

但突然有一段日子，我发现小女孩都没有出现在阳台上，对面阳台上的那盆花，也日渐枯萎。我有些心痛那花，想毕竟还是小女孩，没有耐性，可能玩了一段时间，就没有兴趣了，内心很为那盆花感到惋惜。

就在我认为那盆花已经没有任何希望了的时候，小女孩却在她父亲的陪伴下又出现了。这次她的脸色更加苍白，原本飘逸的长发竟然变成了平头。小女孩一边给花浇水，一边对我说，阿姨，真对不起呀，我差点害了这花了呢。

我向她笑了笑说，没关系的，你这不是回来了吗？它还有救。

小女孩的父亲向我点了点头，我发现他的情绪好像有点不太好，只点了一下头，就转过了身，背对着我们。我看到他在捋衣袖，我的内心隐隐有些不安。

当天晚上，小女孩的父亲来找我。一看到我，他就说，这么晚打扰你，真不好意思。

我预感他似乎要对我说什么。

果然，他说，这孩子，从小就没有了娘，是我一直把她带大的。没想到，在不久以前，竟然查出她得了血癌！

我一怔，明白了小女孩头发变少的原因，肯定是化疗造成的结果。

他又说，得了血癌之后，好长一段时间她都郁郁不乐。后来，偶然见到你在阳台上摆弄那些花，她才变得开朗起来，并说那个阿姨好会养花。可惜我要挣钱为她治病，也没有顾上她的这个要求。后来一天，她异常高兴地对我说，阿姨送了一盆花给她！从此，她就一直和你在一起弄花。但是，她的病却还是越来越重，最终，只有进行化疗。但在医院的这些日子，她却一直都在牵挂着那盆花，说是不能辜负了对面阳台上的那个漂亮阿姨。这样，没有办法，我今天就只好陪着她回来看看了。

听到这里，我已经是泪眼蒙眬。

第二天，我到了小女孩家。小女孩一看是我，非常高兴。她拉着我到了她家的窗台边，指着花对我说，阿姨，你看，我昨天回来，今天这花就又长好了呢。我说，是呀，你真行！阿姨感谢你呢！小女孩却回过头，很为难地说，可是，阿姨，爸爸说我今天必须得回医院去，这可怎么办？我抚摸着她的头，说，孩子，没关系，你放心，这盆花阿姨来帮你照看！小女孩听了，高兴地跳了起来，搂住了我的脖子，说，阿姨，你真好！

没多久，对面窗台上的那盆花就又郁郁葱葱了，而我，则每天都用手机拍一张它的照片，然后拿到医院里，给小女孩看。我发现小女孩苍白的脸上，竟然也像花一样，越来越绿意盎然。

我明白，这绿意，是生命之于生命的一种用心呵护的结果。

感动微信

生命是可贵的，生命又是脆弱的。小女孩儿那样纯真美好的年轻生命，却要经受病魔的折磨。这样的人生悲剧处处都有。然而，小女孩儿的纯真善良得到了作者的关爱，她就像是窗台上的那盆花，经受阳光风雨，也享受到了付出和回馈。小女孩儿对花儿的付出和怜爱，对生命的尊重和呵护，让人感动。虽然是身患重病，却一丝也没有懈怠，从未表现出悲观和消沉，这样的美让人赞叹。这样美好的心灵也必定会得到老天爷的眷顾。所以，我们应该相信，这世上的真善美是有回报的。

（爱小溪）

心灵佳句

上苍不会永远让爱我们的人与我们相拥，当然也不会让恨我们的人与我们永远相对。只有爱我们的人的世界是天堂；只有恨我们的人的世界，则是地狱。

生命是一次没人相伴到底的旅程

曾 颖

我很喜欢《千与千寻》中的一个场面：在浩瀚无边的宁静水世界中，千寻坐在一列夜行火车上，从一个车站到另一个车站。天空中繁星点点，大地上，无边的水和看不到头的铁轨，通向比铁轨还遥远的未来……

我以为，人的一生，就是这样一列火车上的这样一次旅行。

通常，我们是从医院这个站台走上人生这趟列车的。这个迎来新生命，送走老生命，连接生与死，纠集欢乐与悲伤的地方，很像迎来送往见证悲欢离合的车站。

接生员一双温暖的手，将我们接引到这个略显有些冰冷的世界上。事实上，我们不知道，我们初来乍到的世界已是人满为患。这些人离我们太过于遥远，因此，我们感觉此时此刻，我们所在的车厢里空无一人。

其实，这时的我们感觉和知觉是有限的，因为这种局限，我们忽略了车厢里为我们诞生而奔忙的人们——手术台上忍着剧痛、快乐的母亲；手术室外紧张等待的父亲；屏住呼吸，大气不敢出的医生和乐呵呵地去准备热水的护士；还有病房外准备尿布和小衣服的奶奶和不知该买手枪还是蝴蝶结的心急爷爷。

这些是我们最初的旅伴。他们中的多数人，将在我们人生的车厢中，陪我们走很远的路程。

之后的几十年，我们的车厢里，会来来往往、进进出出各式各样的人。从让我们心动的邻家小妹到专抢我们糖果和玩具的大胖；从托儿所的阿姨到学校门口卖糖葫芦的白胡子老爷爷；从小学爱给我们讲童话故事的女老师到中学课堂上那位眼镜里能闪出寒光的数学老师；从那个让我们半夜起来弹吉他的美丽女孩到终于让我们想有一个家想要一盏灯的温柔女人……

然后，在下一个车站，我们迎来了长着和我们一样的眼睛、鼻子和耳朵，甚至和我们有着相同的搞怪或忧郁表情的儿子和女儿。在同一个车厢里，我们经历着相同的春夏秋冬。在看着他们成长的快意中，品味着我们渐渐老去的忧郁。

当然，也还有更多更多的人与我们在同一个车厢里往前走着。他们有的是我们的知己、好友或同事，陪我们走很远很远的距离。有的，是我们一面之缘的熟人或路上匆匆一瞥却令我们流连很久的美丽少女；也可能是与我们做过一次快乐或郁闷交易的小贩；也有那些和我们曾经有过亲密感情，最终却因为各种各样原因断绝了往来的情人、朋友和伙伴……

就像一次漫长的旅行，在春花秋月夏雨冬雪的窗景之中，很多人来了，在车厢里和我们上演了各式各样悲喜酸甜各不相同的人生活剧。有人带着微笑，与我们一路上讲着笑话度过一段快乐旅程；有人带着鲜花和蛋糕，与我们分享甜蜜的行程。

有人莽撞地带着烈酒和心事，与我们一醉方休；有人抽着令我们窒息的雪茄，很无礼地瞪着我们。甚至有不怀好意的小偷和骗子，深藏于众人之中，稍不留意，便会给我们制造伤口，令我们痛不欲生。

来来往往的人群，反反复复的表情。无论是多么快乐的同行，都有忍泪诀别的时候；无论多么痛苦的经历，都有最终结束让我们长舒一口气的时候。上苍不会永远让爱我们的人与我们相拥，当然也不会让恨我们的人与我们永远相对。只有爱我们的人的世界是天堂；只有恨我们的人的世界，则是地狱。而人间，爱我们的人和恨我们的人各占一半。

我们从医院出发，经历了一场漫长却又匆忙的旅行之后，又到了另一个车站。我们发现，人生的车厢里，除了我们之外，便再也空无一人。

世界从此归于沉寂。我们的身后，也许会因为我们在人生这列车厢里的表现，传来惋惜声、恸哭声或幸灾乐祸的笑声。但这一切，都与我们无关了。我们将以一捧土或一朵花的形态，重返我们爱过或恨过的风景中。对于土和花来说，赞美和责骂是无意义的。就像路对于我们的脚没有记忆一样，天空没有留下翅膀的痕迹，却见证过数不清的飞翔……

感动微信

人生像一趟列车，走过只有一次的轨迹。从我们来到世间开始，无数人与我们交相辉映，我们互相在彼此的世界投影，共同欢喜和哭泣，印证着爱和美德，也受制于命运的偶然和随意。

但是在仅有一次的生命中，我们却要爱得热烈，活得精彩，拥有着美丽的心情和体会，同时荫蔽别人，提供点点惬意。在相互的陪伴中，不论分别，也不言放弃，在自己的甜蜜里和亲人分享，在自己的创造里和爱人相拥，“般若波罗蜜，一声一声，生如夏花，死如秋叶，还在乎拥有什么……”带着这样的热情，我们头置圣花，一路走来，无论春秋，不凋不败。

在匆匆而过的时光中，我们每一个人都要尽量扮演好自己的角色，善待他人，为世界留下爱和温暖！

（李金光）

心灵佳句

我十分佩服这个小精灵，它一口一口地用泥，竟能垒出这么好的窝来，就像一个雕塑品，雕琢得如此细腻。

整一个夏季过去了，我家的燕子窝仍然孤零零地嵌在那里。直到晚秋，小燕子们都纷纷南迁了，我仍没看见我家的那对燕子。

不该动那小燕窝

闫建军

那天，我放学回来，突然发现我家窗檐有个小燕窝，紧紧地镶在窗檐下，每天小燕飞来飞去，叽叽喳喳叫个不停，成了我家窗前的一道风景。早就听大人说过，小燕子在谁家垒窝，谁家就有福气，看来我家的福气来了。我就时分感激小燕子，更加倍关心这个燕子窝了。

每天回来扔下书包，我便会急忙趴在窗前，细细观看，燕窝呈圆形，是用嘴叼来的一块一块的泥，逐渐堆积垒成的。我十分佩服这个小精灵，它一口一口地用泥，竟能垒出这么好的窝来，就像一个雕塑品，雕琢得如此细腻。也许，我都垒不出这么好的窝来。

那一天，我趴在窗前欣赏着外边的小燕嬉闹，忽然发现燕窝里齐刷刷地探出了一个个小脑瓜，张着大嘴在等着父母喂食。我惊讶，这帮小燕子是啥时有的呢？我咋没早发现呢？小燕子还没有长齐羽毛，光光的身子，脖子细细的，伸得很长，圆圆的小脑瓜，嘴张得很大，几乎挡住了整个小脑袋。只见大燕子不停地到农田或林木之中去捕捉昆虫，然后叼着满嘴的胜利品回来，站在窝边，把小虫等食物，轮流的送进小燕子的嘴里。

我被感动了，多么勤劳的大燕子啊，无微不至地呵护着小燕子，远远地去寻找食物，自己舍不得吃，带回来给它的孩子吃，生怕它的孩子饿着了。看着看着，我就有些心疼这帮燕子了，特别担心那几个小燕子，怕它们顾着抢食，互相挤撞再掉下来。于是，我急忙起身，爬上窗台，蹲在下面，一边用衣服大襟接着不慎掉下来的小燕子，一边近距离地观赏着它们的一举一动。小燕子也不害怕，歪着头看着我，有时会冲着我叽叽喳喳叫一通，不知是警告还是炫耀。或许，在赞扬我的善举吧。我就很兴奋，也同小燕子做鬼脸。小燕子就发出一连串银铃般的叫声，仿佛是对我歌唱。

后来的几天里，我发现窝里的小燕子渐渐长大了，偌小的燕子窝好像容纳不下小燕子们了。于是，我担心燕子窝恐怕禁不住小燕子们一天天长大的体重了。大燕子也是，为什么不把燕子窝垒得大一些呢？它就没考虑小燕子会一天天长大吗？

几天后，小燕子纷纷挤出了窄小拥挤的窝，站在窝边上，掉过屁股，一撅尾巴，将白色的粪便排到外边，然后转过身来，扑棱着长得不够丰满的翅膀，在做出行前的模拟练习。我很担心，燕子窝会不会突然不堪负重，一下坍塌下来，那样小燕子就会摔死的，我每天都这么担心着。

几天后，小燕子们在父母的催促下，踉踉跄跄地离开了窝，尽管拼命地扑棱着翅膀在半空中挣扎，但整个身子还是渐渐向下沉去，无论怎么努力也飞不起来，就在小燕子要摔到地面上时，大燕子斜冲过去，在小燕子头前叽叽喳喳叫了一阵，只见小燕子仰起头，加快扑棱着笨拙的翅膀，划了一道弧线，很不熟练地飞了起来，终于奇迹般的飞上了蓝天。

看得我好担心和焦急，还好，小燕子终于成功了。

一段时间后，我就分不出大燕子和小燕子了。

秋季到来时，燕子们在空中开始黑压压的聚集，在山林间连续几天的飞旋。两周后，便离开北方南迁了。大人告诉我，燕子是有灵性的，是人的忠实朋友，它们帮助人类消灭害虫，保护粮食。所以，哪里有人，哪里就有它们忙碌的身影。冬天冷了，它们会飞向南方，但，不管它们飞出多远，在春暖花开时，又会千里迢迢地飞回来，都会准确的找到自己的家的。

我真为燕子骄傲和自豪，我一定要做小燕子最好的朋友！

于是，在燕子飞走后，我决定为燕子们做点事。我弄来黄泥，爬上窗台，在燕子窝的四周加宽加大，又在窝的底部用小木棍支好，这样，窝就结实多了，再不担心燕子窝不堪重负了。我忙活了半天，终于把燕子窝加固好了。看着我的杰作，心里很满意，等燕子们回来后一定会很高兴的，一定会对我唱歌感谢的。

转年春，燕子们真的都纷纷飞回来了，东西两院房角处空空的燕子窝已经有了一对燕子了，那一定是去年的燕子找到了自己的家。看到别人家的燕子都回来了，我着急了，因为我家的燕子窝仍是空空的，没有燕子认家。前几天还有两个燕子在我家窗前不停地徘徊、叫着，可后来还是飞走了。

整整一个夏季过去了，我家的燕子窝仍然孤零零的嵌在那里。直到晚秋，小燕子们都纷纷南迁了，我仍没看见我家的那对燕子。屋檐下的燕子窝仍然空着，我急坏了，我家的燕子咋了？为什么突然丢失了呢？或许……

那天，我猛然有些醒悟，上学时听老师讲过，有的动物的窝和巢是不能随意动的，如果人为地留下了异味或改变了原有的模样，窝的主人就会不认得自己的家。老师还举了兔子的例子，说，如果兔子生兔崽了，人不能用手摸兔崽，否则留下异味了，母兔就认为兔崽不是自己的或有危险，就会毫不犹豫地杀死自己的兔崽。我终于明白了我家小燕为什么丢失了，为什么不认得自己的家了，我极后悔自己的举动，我急忙把燕窝恢复了原样，这才松了一口气。

我急切地盼着明年春天的到来，明年春天到了，我家的小燕子就会回来了。我想。

感动微信

珍爱某个生命，应该要懂得尊重它的生活方式和生活规律。

春去秋来、四季变更、北雁南飞……不同的事物都有其各自不同的发展方式和变化轨迹，如果人为加以更改变动，即使出发点是好的，最终得到的结果也常常事与愿违。虽说“燕子去了有再来的时候，桃花谢了有再开的时候”，但这一切的基础都是建立在一定的规律之上，人的力量固然可以改变自然，但若想使改变的结果与自然条件相适应，就必须要尊重和了解我们所身处的大自然。让我们在学会用发展的眼光看待问题的同时，也要学着找寻事物内部所存在的一些联系，只有这样，我们才能真正地融入自然，达到物我和谐的境界。

（汪琳莹）

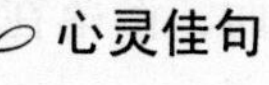

心灵佳句

一个人的死关系着整个人类的生。

只要你珍爱自己的生命，同时也珍爱他人的生命，那么，当你生命渐尽，行将回归大地的时候，你应当感到庆幸。

一片树叶

［日本］东山魁夷　风铃子（译）

人必须对自然和风景保持一颗敬畏的心。为此，人固然有必要出门旅行，同大自然亲密接触，或者深入异乡，领略一下当地人们的生活情趣和习俗。然而，就是我们居所周围，哪怕是庭院的一树一叶，只要你用心观察，有时也能领悟到生命所蕴含的含义。

现在，我正注视着院里的树木，准确地说，是在凝望枝头的一片叶子，它泛着美丽的绿色，在夏日饱满的阳光下闪耀着光辉。我想起当初它还是幼芽儿的时候的情景。那是去年初冬，就在这片新叶尚未吐露的地方，吊着一片干枯的黄叶，不久就脱离了枝条飘落地上。这幼小的坚强的嫩芽就在叶子脱落的枝丫上，生机勃勃地诞生了。

任凭寒风凛冽大雪挤压，你守候枝头，慢慢地在体内积攒着力量，默默等待着春天的来临。一个微雨乍晴的清晨，我看到枝头已缀满粒粒珍珠，一枚枚新生的幼芽凝聚着雨水闪闪发光。于是我感知百草皆在催芽，春已临近。

春天终于来了，万木兴致勃勃地吐翠了。然而，散落在地面上的陈叶早已腐化为泥了。

你迅速成长为一片在初夏的太阳下浮绿泛金的嫩叶。对于柔弱的绿叶来说，生机旺盛的初夏季节，也是最易遭受害虫侵蚀的季节。幸而你躲过可能的灾害平安地迎来了暑天，同伙伴们共同织成浓密的绿荫，遮蔽着枝头。

我预测着你的未来。到了仲夏，你的浓荫下将有鸣蝉长啸，一场台风袭过后，吱吱蝉鸣变成了凄切的哀吟，天气也随之凉爽起来。蝉声一断，随之而来的是树根深处秋虫的合唱，这唧唧虫声，确也能为静寂的秋夜增添不少雅趣。

不知不觉中，你的绿意渐失，终于变成一片冷雨里垂挂着的黄叶了。一夜秋风敲窗，早晨起来，你的踪影已然在树枝上消失了。只看到你所在的那个枝丫上又冒出了一个嫩芽。等这个幼芽绽放绿意的时候，你早已零落地下，埋在泥土中了。

自然如斯，何止是一片树叶，世上万物都有一个相同的归宿。一叶坠地，绝不是毫无意义的。正是这片片黄叶，换来整个大树的盎然生机。一片树叶的诞生和消亡，标志着生命在四季里的不停转化。

同样，一个人的死关系着整个人类的生。死，固然是人人所不欢迎的。但是，只要你珍爱自己的生命，同时也珍爱他人的生命，那么，当你生命渐尽、行将回归大地之时，应当感到庆幸。这就是我观察庭院里的一片树叶所得的启示。不，这是那片树叶向我娓娓讲述的生死轮回的要谛。

感动微信

一个人的死关系着整个人类的生，这是一个很深奥的哲理。作者曾被日本帝国主义强征入伍，亲眼目睹日军屠杀别国人民，也看到了战争给日本人民带来的灾难。不同的是，他痛恨战争，同情人类。战争结束后，他回归到了自然，将孤独时候的落寞，与大自然的美妙融为一体，创作了大量以歌颂自然、珍爱生命为主题的散文，与同时期获诺贝尔文学奖的川端康成一起被称为日本文坛的“双壁”。作者从一片树叶中，领悟到了生命的真谛，完整地阐述了生命的意义。我们应该听到他内心那种“珍惜生命，乐观向上”的呐喊！

（靳志刚）

心灵佳句

面对生命的苦难，我也会想起摇曳在悬崖上的那棵小松树，想着它是怎样把艰辛与沧桑写在生命里。

愿红尘里的每一个人都能好好珍惜生命、善待自己。

清明感怀

吕胜菊

“清明时节雨纷纷”，牧童、杏花、雨……容易令人伤感。在春天这个水墨画般的日子，桃红柳绿、草长莺飞，积蓄了一冬的大地开始复苏，冰封的河面开始解冻，压抑了一冬的思念随着春风的吹拂开满了心季的枝头。此时，承载着世间最多的思念的清明节也如约到来，任凭时代怎样变迁，人们思念亲人的情怀却从来未曾改变。

在中国民俗中，清明是踏青的时节，也是扫墓的日子。追忆逝者的点点滴滴，让思念化作袅袅青烟，随风而去。踏青时，漫山遍野的盎然春意尽收眼底；回到家，身心还残留着泥土的芬芳。于是，带着怀念和欣赏，禁不住慨叹这样的人生轮回，同一个日子，却是两样的心情，使人感时伤怀，感慨生命无常。

在如此明媚的春暖花开时节里，我自己也从来没有想到有朝一日会突然面对生离死别，更没有想到某个至亲的活生生的人顷刻间会离我远去，一切恍然如梦，我昏昏沉沉的，被疼痛麻痹了神经，甚至悲惨到在一阵阵大呼小叫的辱骂声中才猛然清醒过来。

而当我回忆往事，回顾身边的人和事，我才知道，世间随时都有生离死别，从我来到世间到现在已经四十多年了，亲眼见到身边熟悉的人一个个离我而去的日子也不少哇！他们中有的人只过完了常人一半的人生，我在惊叹生命如此脆弱的同时，又不得不反复告诫自己，调整好心态，顺其自然地接受一切，在逆境中不断积蓄力量，希望自己也如凤凰涅槃般地获得重生。

人生中不如意之事很多，面对生命的苦难，我会看看那些依着巨石随风摇曳的小草，想着它会为了一缕阳光、一丝轻风、一滴雨露、一轮日月，像奴仆一样匍匐在巨石的脚底下，在黑暗中艰难地穿行，执着地为生命谱写那一个绿字；面对生命的苦难，我也会想起摇曳在悬崖上的那棵小松树，想着它是怎样把艰辛与沧桑写在生命里。在岁月面前，一切都是那么苍白无力，生命在轮回中来来去去，不管你的人生多么灿烂辉煌，无论你的声名多么显赫，也不管你的地位多么卑贱，最终的结局都是一样的，你都无法逃脱生、老、病、死。

又是一年清明至，“千古彷徨事，此时最伤怀”。清明永远是一个追思和缅怀的日子。在这一天，我们追思已故亲友，因为他们曾经是我们生命中最重要的组成部分。愿活着的人，对遭遇变故的亲朋好友多一份关心，对父母多尽一份孝心。所谓“树欲静而风不止，子欲养而亲不待”，那就让我们从现在做起，从身边小事做起，孝敬我们的父母和关爱我们的亲人吧！愿红尘里的每一个人都能好好珍惜生命、善待自己。

感动微信

生老病死是自然规律，谁也阻止不了。因为这样的惋惜和无奈，我们似乎更懂得珍惜我们存在于这世上的一分一秒。因为生命对于每个人来说，都只有一次。无论平淡无奇，还是轰轰烈烈，无论一帆风顺，还是波折坎坷，都显示出它的精彩。

一年一度的清明节，虽然随着时代的变迁，掺杂着很多功利甚至商业的元素，但每一个站在墓前祭奠亡者的人内心都不能不产生一种感慨。是对逝去亲人的思念也好，是对生命脆弱无奈的叹息也好，总有那么一刻，我们恐惧着甚至暗下决心：活着的人要努力而真实地过好每一天，善待自己，善待他人，不辜负这短暂而匆匆的数十年。

生存和死亡是亘古不变的话题，明明知道，又何须害怕？珍惜生命，过好生活，就好吧！

（秋词）

门前老树长新芽，
院里枯木又开花。
半生存了好多话，
藏进了满头白发。

时间都去哪了？
还没好好看看你，
眼睛就花了。
柴米油盐半辈子，
转眼就只剩下
满脸的皱纹了。

心灵佳句

去向美好的旧时光、为自己那正享受着的不以为然的爱道歉，好好珍惜那剩下的光阴吧。

从今天起，好好爱她，是我们生命中全部的使命！

她老了

陈晓辉

立春。清晨。明媚。

院子里，母亲在阳光下沐浴，戴着老花镜，忙着手中的针线活，细致而又认真。而我，则坐在母亲的对面，手捧一卷新书，低声阅读。现世安稳，岁月静好。

倏然，母亲大叫，说厨房还在煲汤，已经很久了，估计汤已经溢出，于是赶忙放下手中活计，起身赶去内屋。我抬头看看母亲的背影，不语，继续低头阅读。

母亲回来，说，幸好汤还没溢出来，不碍事，不碍事，已经把火关掉了。边说话，边笑着，像是一个侥幸躲过父母指责的得意小孩。我朝她微微笑，示意她继续坐下晒太阳。

母亲又开始忙手中的针线活，似乎是一个打盹的时间，母亲突然又大叫起来，说厨房还在煲汤，已经很久了，怕是要溢出了。这时，我起身拉了拉母亲胳膊，示意她刚才已经将火关掉了。可是，母亲不信，用怀疑的眼神看了看我，然后去了内屋。

母亲回来了，一改刚才的惊讶和担忧表情，又是孩子般的笑，说火确实是被关掉了，记错了，记错了。这一次，我在母亲身上打量了许久，忽然发现，母亲不能再像以前那样精明果敢，按时按点催促我起床上学或做作业了。

她老了，面容憔悴，两鬓横生白发了。

这样的老，我措手不及。

清晨，我在厨房间洗菜，母亲在客厅擦拭餐桌。

“妈妈。”我轻声喊了下母亲。

未见回响。

“妈妈，过来帮我一下。”我提高分贝再次喊了下母亲。

仍是未见回响。

于是，我探出脑袋，望向客厅的母亲，“妈妈，过来下。”

母亲似乎还是没听到。

我显然有些生气，放下塑料盆中的蔬菜，走过去问道：“妈妈，我叫您没听到吗？”

母亲愕然：“啊？你叫我了吗？我没听到哇。”

“是呀，都许多遍了。”

“真没听到。”

见母亲一脸无辜又歉意的样子，我便也不再生气。可等心平气和安静下来后，望着母亲忙碌的背影和干瘪的身躯，我的眼眶突然就红了，那么不经然，想掩饰却又不由自主。

是的，母亲她老了，老得让我如此无能为力。

曾经都是母亲唱着儿歌哄我睡觉，如今，却得要我和母亲谈我在外面工作的事，听得心满意足了，她便也睡着了。曾经都是母亲拉着我的手过马路，嘱咐我过马路前，要左看看右看看，确认没车后再过去，大手牵小手，温暖无限。可如今，再和母亲一起过马路时，我突然发现，母亲的身高只及我的肩膀处。曾经长发飘逸，从来不想闲在家里的她，如今却白发斑驳，除了家，哪儿也不想去……

是的，她老了，在那么一个当我们还沉溺和缅怀在母爱之中的眨眼瞬间，她就老了，没有任何的预告，没有任何的心理准备，没有……

有人说，人的一生只有两个朋友，一个温柔了岁月，一个惊艳了时光。我想，在我们的生命中，有这样一个非常珍贵的朋友，既温柔了岁月，又惊艳了时光——她就是生我们育我们给予我们生命养料与知识的母亲。

可是，她现在老了，这是不争的事实，我们任何人都束手无策。

这就是时光的残忍处。

现在都不敢提及母亲二字，一提，忧伤便会迅速布满心房，仿佛眼泪，容不得轻微地触碰，说流便流了。

那么，她老了，我们该怎么办？

去向美好的旧时光、为自己那正享受着的不以为然的爱道歉，好好珍惜那剩下的光阴吧。从今天起，好好爱她，是我们生命中全部的使命！

感动微信

每个人最难以接受的，是曾经是自己天空的母亲却被岁月的风吹成了无助的孩子。

更难以接受但必须要承认的事实，就是他们还将继续变得衰老，直至有一天彻底会离开我们，古人说：子欲养而亲不待。这是多么残酷的事。

好好珍惜吧，趁她还能忙碌，还能擦拭餐桌……

正好有了一个快乐的理由：给自己心中最爱的人做些细碎的事。

想想我们小的时候，母亲给我们无微不至地做每一件事的时候，不也是沉浸在幸福中吗？

（严文科）

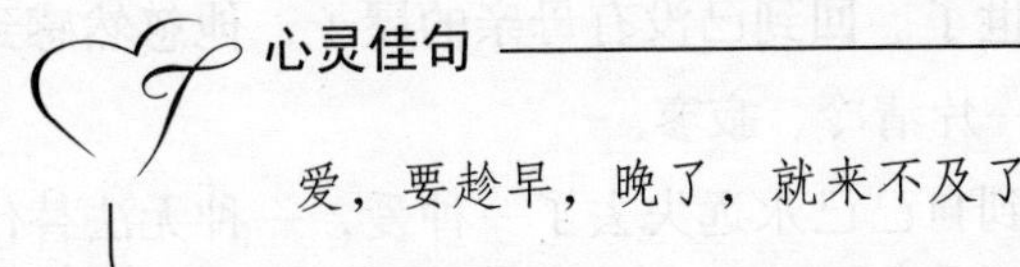

爱是个“限量版”

李良旭

朋友小王在他才10岁的时候，他父亲就因病去世了。他母亲一个人含辛茹苦地把他抚养成人。

但是，他常常抱怨母亲爱唠叨。他说，在家里，他和母亲话很少，看到她就心烦。

有一天，他兴冲冲地跑过来，两眼放出兴奋的光芒告诉我说，他搬出去住了，租在外面一间小房子里。他说，这下我可解放了，再也不用听母亲的唠叨声了，自己一个人过，多潇洒自由。

看到小王满脸红光，一副兴高采烈的样子，感觉到此时此刻，他成了世界上最幸福的人了。

就这样，小王仿佛沉浸在一种巨大的幸福和快乐中。可是，渐渐地，他西服里面的衬衫衣领已是厚厚一尘污垢，从他身边经过，常常闻到他身上散发出的一股难闻气味。老板已找他谈话，问他为什么最近早上上班总迟到？而且上班时还吃早点，如果再这样散漫下去，就请走人。

有一天，小王两眼红肿，一副神情落寞地跑来，他悲伤地告诉我，他母亲突发脑溢血去世了。回到已没有母亲的屋子，他忽然感到屋子已没有了气息，变得一片清冷、寂寥。

此时，他才真正地感到自己已永远失去了一种爱，一种无法替代的母爱。他现在多想再听听母亲那些唠叨、再吃一口母亲烧的菜。可是，这些永远是不可能了。他说，他现在才真正地认识到，原来母爱也是有时效性的，不是永恒的。

听了小王声泪俱下的泣诉，我不禁也眼圈红红的。当他母亲走了，他才真切地感受到母爱的珍贵。那些曾经在他眼里不屑与厌烦，现在想起来，却是那么的温馨和甜蜜，可是，这些再以回不去了，只能留在无尽的追悔和思念中。

邻居有对80后的年轻夫妇，小两口整天黏糊糊的，出双入对，甜甜蜜蜜的。这个家，对他们俩来说，更像是个客栈，只不过是个睡觉的地方，每天他们都是到男方父母家去蹭饭。

女孩子常常嗲兮兮地说道，我们很幸福的，每月饭钱我们从来不交的，他父母都给我们安排好了。

忽然有一天，小两口家里传来阵阵乒乒乓乓的摔东西声，并传来女孩子嘤嘤的哭泣声。

打开门，正想去劝劝这小两口。只见女孩子一脸梨花带雨地冲出家门，向我泣诉道，这几天到他家去吃饭，他家总是没人，他父母也不知道到哪去了，害得我只能天天吃快餐面。

男孩一脸苦相地跟了出来，他怯怯地说道，是我父母一再叮嘱我不让说的，他们担心给我们增加负担，影响工作。

停顿了一下，男孩瞥了女孩一眼，声音放得更低了，像蚊子在哼。男孩说，这几天，他们俩生病住院了，所以不能给我们做饭了。

瞬间，仿佛空气凝固了。女孩怔怔地望着男孩，忽然，她一下头扑进男孩的怀里，轻轻地捶打着男孩的后背，说道，你为什么不早告诉我呀？爸妈生病住院了，还想着我们，担心给我们增加负担，这是多好的老人哪！

男孩被女孩一阵数落，也是泪水涟涟。

一家网站出了一道考题，问你这一生和父母能待在一起的时间有多长。最后，经过一系列地测算，答案是25天。也就是说，你这一生，和你父母实实在在待在一起的时间，只有25天。

看了这道算题，许多网友哭了，一时纷纷跟帖，细说自己和父母在一起的时间。算来算去，感觉和父母真正待在一起的时间真的很短、很短。网友们感叹道，爱，是个“限量版”，真的是过了这村，永远没那店了。爱，要趁早，晚了，就来不及了。

感动微信

人生第一件不能等的事情就是孝顺老人。很多人背井离乡，甚至远至海外，为了追求他们的梦想，追求事业有成，追求前途无量。总是想着等着自己有了钱一定好好的孝敬父母，想着买了大房子就一定接父母来住，想着忙过了这一阵子一定回家看望父母。然而，父母是不会在原地等你的。流逝的岁月不仅会带走他们的青春、活力，更会带走他们的健康，他们不可能一直站在原地等你回来。不要轻言对父母说，今天晚上我不回来吃饭了。再忙也要记得，父母需要我们的陪伴，就像你小时候希望父母在我们身边一样。孝顺要趁早！

（张倩）

心灵佳句

亲情犹如一支火把，一位诗人说过，“我们手持着火把，冬天的严寒就会远远地躲开我们。”我们因此何惧寒冬！

我背负亲人的期望，却让期望在我的身上荒芜了，如果时间能够回头，我会更加懂得珍惜。

这个冬天，我要去砍柴，堆满我家院子。然后在冬夜里燃起篝火，把春天提早叫来，春暖花开！

把春天提早叫醒

刘永辉

寒风吹来，把我们送到了年关，你是不是在这样的冬日里，突然把回家的念头提到了心头？我仿佛看到红红的灯笼和亲人温暖的笑脸……

为了生活，我们总是聚少离多。父母从不曾要求我们为他们做点什么，只是再三叮嘱在外面一定要学会自己照顾自己。

想起母亲，我心中总是愧疚与不安。去年，还有去年的去年，我都不在家过年，妈妈不会对我表达她的期待，可妹妹告诉我，妈妈老是唠叨，希望我能回家。听罢，我总是无法自制地热泪盈眶……记得去年正月十五那天，我快到中午才匆忙赶到家，听到院子里有脚步声，妈妈赶紧从屋里出来，看见是我回来了，笑容顿时在她皱纹纵横的脸上绽放开来。我的心里一样是高兴，可心头却还是一酸。妈妈说：“说好今天要回来，我一早上都在等……”看着母亲慈祥的脸和闪闪泪光，我无法用语言确切地表达心里的感受。

亲情犹如一支火把，一位诗人说过，“我们手持着火把，冬天的严寒就会远远地躲开我们。”我们因此何惧寒冬！

我背负亲人的期望，却让期望在我的身上荒芜了，如果时间能够回头，我会更加懂得珍惜。我能做的也只有珍惜现在，面对生活不要老是忧伤失望。在外打拼的大哥告诉我，“有人说：境由心造，有时想想也不无道理！人是哭着出生的，难道注定要悲伤吗？其实，快乐是一种美德，就像花露水，让旁人亦感受芬芳！”大哥漂泊在外，跌跌撞撞，可他从来不自怨自艾，从不怨天尤人，还鼓励我“好好努力，笑看风云”！我突然想起了我一直崇拜的英雄主义和洒脱的人生态度，我的血管要像英雄一样流淌着热血，无畏而洒脱。生活是一个梦想，敢于直面，并执着于梦想，再长的路也有到达的一天。

这个冬天，我要去砍柴，堆满我家院子。然后在冬夜里燃起篝火，把春天提早叫来，春暖花开！

感动微信

生活，让我们身不由己，我们都想在午后的黄昏，挽着的父母慢慢走，慢慢走。时间已过，我们难以回头，我们过去也许没有做好，现在开始，做一个心里充满阳光的人，让春天永驻心里。对生活，不要太多的抱怨，我们都要幸福、开心、快乐。

寒冬让人难以挨过，我们可以在内心种满鲜花，做一个笑脸相迎的人，做一个给他人带来快乐的人。不要让生活失望，不要让亲人、朋友对我们失望，我们要带过去正能量，感染他人，让社会不会有“寒冬”，让春天温暖人间。

（李茹茹）

心灵佳句

最后，他颤抖着拿起画笔，深深地呼吸几下，开始在纸上画起了父亲。

画家轻轻在背后抱住父亲的肩膀：“爹，在我眼里，你穿上衣服更美。”

最美的父亲

宾 炜

画家的父亲在城里蹬三轮，按月给他汇钱读书。当然，这是画家还没有成为画家之前。从小学开始，一直到高中，画家都是一个人在家——母亲早就去世了，父子俩相依为命。

这一年，画家考上了一所艺术院校。这样一来，父子俩终于可以住在一块了。上第一节人体写生课的时候，画家心里很紧张，也很兴奋，因为他还是头一回面对一个裸体的人画画。

模特进来时，画家大吃一惊。这个模特不是别人，正是自己的父亲。

父亲也看见了自己的儿子，可他脸上似乎并没有一点儿吃惊。父亲用眼神提示他别慌张，然后，从容不迫地脱起了衣服。只几秒钟的时间，父亲就把自己脱得一丝不挂，按照老师的要求在椅子上坐了下来，接着是定格。

画家这才知道，父亲在城里，不光蹬三轮，还同时打着好几份工，要不然，哪能供他上大学？他鼓起勇气，把眼光投到父亲的裸体，看见父亲瘦成枯柴一样的身体，心里一痛。最后，他颤抖着拿起画笔，深深地呼吸几下，开始在纸上画起了父亲。

晚上，他回到租住的地方，父亲已经做好了饭，招呼他快吃。他没有吃，说，爹，您能不能不去做模特了？

父亲淡淡地说行，只要你舍得不念书。画家就不说话了，坐下来吃饭。两个人只管大口大口吞咽着饭菜，谁也不说话，就好像什么事也没有发生一般。这之后的几年，都是这样。

很快，画家就要毕业了，上最后一节人体写生课时，巧得很，模特正好又是画家的父亲。他走进来时，脸上还淌着汗水，可能是刚刚用三轮车送了一批货，接着又匆匆赶来这里的。当父亲把衣服脱光后，画家一下看见了父亲的小腿破了一块皮，上面还留着一丝血迹，也许是刚才不小心刮破的。画家的泪水差点流了出来。

这一堂课，画家比以前任何一次都要用心，他把心里所有的情感都倾注到那支画笔上。

下课后，父亲很快走了，而老师也把画纸收走评分。

第二天到校后，老师叫画家到他的办公室去一趟。画家进去后，老师指着昨天他画的作业，有点生气地说："你脑子出毛病了吗？你到底在画什么？"

画家轻轻说："那个模特……他是我父亲。"

"他是你父亲？"老师十分惊讶地看着画里的人，"就是他？"

画家的眼泪一下涌出来了："是的，就是他，我画了三年父亲，想把这幅画送给他。"

老师想了想说："最近有个画展，我看你这幅画应该可以拿去。"

画展开幕那天，画家带父亲一块去看。父亲开头有点犹豫，他当模特只是为了挣钱。可是这幅画却不同，它是儿子亲手画的。在儿子的一再劝说下，只好答应了。

来到展馆，画家很快找到了自己的那幅画，拉着父亲快步走过去。父亲看到画里的自己时，当即就愣住了。他看见自己穿着十分漂亮得体的衣服和鞋子，一脸滋润地坐在椅子上，眼里闪着幸福的光……

画家轻轻在背后抱住父亲的肩膀：“爹，在我眼里，你穿上衣服更美。”

父亲的眼里顿时浊泪滚滚。

感动微信

为了儿子的理想，父亲一人在外面做几份兼职，而其中一项便是需要很大勇气也不一定能做下来的裸体模特。在父亲的眼里，儿子就是自己的全部，儿子的幸福便是自己的幸福。为了不让儿子担心，父亲默默地承受着这一切。

家人为我们所付出的远比我们想象的要多，如果还不知珍惜，不知回报，我们就太不孝了。画家没有因为父亲担任裸体模特而羞愧，他看到了父亲的爱，这比什么都重要。

（范梦文）

心灵佳句

天下的儿女们，就像这总是匆匆开动的火车，只顾着在自己的轨道里运转，而为我们在人生的某一个疾驰而过的站点里守候的，总是那颗已年迈的父母心。

寒夜中的守候

英 涛

福建到江西，相隔1000多千米，刚结婚时，我还一年回娘家一次，也常写信回家，念叨些江西吃不到家中的糟菜、苦笋呀之类的话，后来渐渐忙于工作，转眼三年没回家了，所以今年过年前，父亲又打电话来问我回不回家过年时，我一口答应要回。

到了腊月二十五，老总让我飞到福州出差。我和老公商量好，我尽量赶在过年前回来，和他一起带着儿子回娘家过年。

经过两天的努力，我终于把事情办好了，我正打算着飞回南昌后马上一家三口回娘家，谁知老总又下达了新指示：公司策划和德方的合作项目的洽谈已到了关键阶段，德国代表过两天就会到达，他们对过中国年很有兴趣，所以公司负责安排，如果这次洽谈顺利，年后他们马上和我们签约。“这次的合作成败在此一举，公司里就你的德语最好，专业素质和协调能力也是有目共睹的，你一定要马上赶回来，做好接待工作。”老总的口气不容置疑。我无奈地想了想，说：“好吧，但是我想乘火车回来。”老总有些奇怪，但马上答应了。

福州到南昌的火车要经过我家对岸，虽然那时已黄昏，但能在暮色朦胧中看一眼那熟悉的风景，也是一种安慰。我打电话告诉父亲，父亲失望之际，问我几点经过舅舅家后门那个叫新村的小站。我说大约8点半，停3分钟。

那是个大雨天，我在车上不停地想着还有多久就到我家对岸。可没想到离我家还有大约30里路时，出现大塌方，火车停了8个小时，铁路才清理好。疲惫的我在朦胧中听到火车开动的声音，醒了过来，可夜那么黑，一路的灯火都是那么相似，我不能分辨哪个是我的故乡，不禁十分惆怅。

火车在一个小站停了下来，这时已是凌晨2点，卧铺车厢里非常寂静。忽然，我听见有人说：“看，外面那个是不是疯子？”有人打开窗户，说：“是呀，好像在和车站的人纠缠。”我的心突然一惊，我分明听见外面传来父亲呼唤我的声音。我跳下床，探出窗外，果然是父亲用家乡话拼命喊着我的小名，我急忙大声的答应。只见一个人影使劲地朝我这边跑了过来，是父亲。他一见我，就迅速地举起双手，吃力地往窗户里塞给一个小陶瓷坛子。

父亲说：“这是你喜欢的糟菜。”我看见寒风吹得他直打哆嗦，心疼地说：“这么冷，这么晚你怎么还在这里等我呀。”父亲咧嘴一笑说：“没事。我等到8点多你这列车还没来，后来问小站的人，才知道是路上塌方了，我总要看到你们这趟车平安地过来才放心呀。”我心里一酸，正要说话，火车突然启动了，我赶快对他说：“爸，你快回去吧。冷。”他大声说：“好。”可是人却站着不动。火车越开越快，我在车里渐渐看不清他的身影。

也许，天下的儿女们，就像这总是匆匆开动的火车，只顾着在自己的轨道里运转，而为我们在人生的某一个疾驰而过的站点里守候的，总是那颗已年迈的父母心。

感动微信

每每面对父母的爱时，心中总是颇多感触，我们已经有多久没为父母送去问候，已经多久没有倾听他们的苦楚？

时间在悄悄滑过，依稀还记得早晨被母亲揪着耳朵拉出被窝，嘴里念叨着要我们穿衣服的情景，但我们是否忽略了母亲眼中流露的疼惜之情；可能忘不了因成绩的不尽如人意，被父亲暴打的一幕，却不知打在我们身，痛在父亲心。因为工作，因为学习，因为种种……可以忘却那些爱的表情，爱的场景，但请不要忘记父母对我们的爱，不要忘记回报父母的爱！

（米晓娟）

心灵佳句

我走过去，说："妈，对不起，以后我每个月都抽时间回来。"

爱说话的母亲

崔　立

元旦放了三天假，想起有一段日子没回老家了，瞅着这个空，我就回家了一趟。

爸妈看见我回来，都显得特别的高兴。毕竟我常年在上海市区工作，每年能回去的次数真的是屈指可数。

似乎从我回家的那一刻起，母亲就在陪着我说话。我走进房间开始，母亲就问我："在那里生活得还好吗？"我说："还好。"母亲又问："工作还好吗？"我说："还好。"母亲还问："一切都还顺利吧？"我说："都顺利。"被母亲问得烦了，我就进了我那房间，打开电视机，坐在椅子上兴致勃勃地看了起来。在上海市区，总觉得自己就像是根时钟的发条，一刻不停地都要转动起来，难得在老家可以这么的清闲一下。

谁料，我看电视还没满10分钟呢。母亲就进来了，在我旁边的椅子上坐了下来，说："你知道吗？前几天我碰到你小学时的班主任了，据说都退休好几年了，你还记得那个人吗？"我摇摇头，说：

“不记得了。”母亲又说：“我记得你小时候啊，没少让我们操心，学也不好好上，调皮得很。我们没少找你们班主任哪。”我“哦哦”地应付着母亲说的话，不是我想听的。但母亲的话匣子一开，似乎就收不住了。我看着电视，说：“妈，我坐车回来有点累了，你让我看一会儿电视，休息一下吧。”母亲点点头说：“行，行，那你好好休息。”说着，母亲站起身，走出了房间。

我回家那三天，耳根子似乎就没清净过。有事没事地，母亲总跑来和我聊天。聊得无非也就是那些陈芝麻烂谷子的话儿，有时还扯扯张家长，李家短的，都不是我所能感兴趣的，我听得烦了，更听得厌了。第三天上午，我还在房间整理着下午要去市区的东西呢，母亲还在不厌其烦地和我说呀说，说得我脑袋都大了，都忘了该带什么了。我皱了皱眉，没好气地说了句：“妈，你就不能让我安静会嘛！”母亲的脸微微就落了下来，没再说话，转过身，母亲就走出了房间。

中午吃饭的时候，只有父亲坐在饭桌旁。我其实是有些愧疚的，说完对母亲的那番话，我就已经后悔了，但我又不知道怎么去跟母亲和解。我问父亲：“我妈呢？”父亲很严厉地看了我一眼，说：“你不该和你妈说那些话呀，她很伤心。”我低下头，说：“爸，其实我不是故意的，我……”父亲的神情缓和了许多，说：“我知道，你妈确实也是烦了点，但你也别怪她。你知道吗？你外婆在的时候，还可以和你妈说说话。现在你外婆走了，你妈就更无聊了……”我恍然记起，半年多前，外婆离开时，母亲淌满泪的神情。我的爷爷奶奶，外公外婆，四个老人中，外婆是最后一个离开的。

我走出房间，看到母亲在门口不远处的田间，弯着腰似乎是在忙着什么。我走过去，说：“妈，对不起，以后我每个月都抽时间回来。”母亲扭过的脸，忽然一阵阵地抽动了起来。

感动微信

有一种爱，一生一世不求回报，那是父母对子女的爱；有两个人一生一世值得你爱，那是父母亲。父母为了子女，省吃俭用，操劳了一辈子，现在父母老了，他们也需要子女的慰问、关心。

孝不是用礼物就能代替的，物质满足固然重要，但精神上的关爱、呵护却远远超于这一切。老人最需要的不是那些包装花哨、昂贵的礼品，而是子女的陪伴与关爱。

让我们趁着父母健在，抓住一切可能的机会孝敬、关爱他们吧，不要留下“子欲养而亲不待”的遗憾。有时间常回家看看，有空多陪陪父母！

（张倩）

心灵佳句

听了母亲的话，我明白了，她是怕连累我们，她不想让她的愿望成为我们的负担，虽然这是她一生的向往。

我自以为这是很到位的孝顺，并且为自己的小聪明而沾沾自喜起来，但是，看到母亲那一缕眼望山顶而不可及的目光，我又不禁感到有些羞愧，母亲能把我从玉米地里背到诊所，我却没有能力让她登到山顶……

带母亲爬山

刘红旗

母亲和石头打了几十年交道，石碾子和石磨根本没办法统计出推了多少圈，我们有多少衣服是从那块像21吋电视屏幕的捶衣石板上捶出来的也无从知道了。

总记得她一边在这些石头上做着活，一边感叹，从哪来的这么大块的石头，不知道这辈子能不能见到更多更大的石头，能不能看一眼真正的大山。这份向往像极了山里人冲出大山的渴望，可是，年近花甲了，也没有变成现实。

家乡是平原上的一个小村庄，满眼的黄土地一望无际，却没有一个哪怕小小的山包，母亲没机会出远门，也就没机会见到山。这几年，虽然到过了市里的公园，见过了假山，但是，每一次都表现出丝丝遗憾的神情，我知道，想看一眼真山的那份执着仍然盘踞在她的心里。

最近，市郊50多千米处的山区新开发了几个景点，我把母亲从老家接到市里，对她说，等到放假了，咱们就去爬山。

这一天很快就到了，她很兴奋，早上竟然不到4点就起来了。

汽车行驶了不到半个小时，就可以看到远处隐隐约约的山影了，母亲和女儿都真高啊、真大啊地赞叹起来！就像山里人赞叹山外面的天空真高土地真远一样。

下车后，我们顺着一条小路向入山口走，两边的山坡上开满了各色的野花，红红绿绿地招摇着，女儿不时地伸手去采一朵两朵，别在自己的发间，歪着头问奶奶好不好看，母亲不绝地赞着，山里的花儿也和咱家的不一样，开得小，但开得艳。突然，女儿顽皮地插一朵在母亲头上，她的脸上也随即盛开了一朵菊花，把眼睛眯成一条线……

我和妻一边喊着女儿，一边笑着，看得出来，母亲今天很开心。伴了半辈子石头的她，这是第一次面对石头而不是劳作的。

身前身后的人一大堆一大堆的，像母亲这么大岁数的却不见一个，以至于她在爬山的人群里显得特别扎眼。在家里我也和她说过，不知道身体能不能顶住，上山是很费劲的事，她连连地说，没事没事，不就是走几步山路吗？想当年上学时，她还是百米的冠军呢。

我相信母亲的话，小时候，有一次在玉米地里，我用镰刀砍在了脚上，她背着我一口气跑了四五里地到村里的小诊所。可是，说归说，我是有思想准备的，好汉还不讲当年勇呢，何况母亲不曾走过真正的山路呢。

果然，刚到入山口，她就气喘吁吁了。这是座小山，没有那些抬人上山的滑竿，母亲是难以到达山顶了。

妈，你的身体，恐怕咱们看不成山了。我望着朦朦胧胧蜿蜒到云端里的石板路，心里有点舍不得。

看不成山了？这不已经看到了吗？这就行了。

听了母亲的话，我明白了，她是怕连累我们，她不想让她的愿望成为我们的负担，虽然这是她一生的向往。

母亲仍然向上努力攀登着，我知道，母亲是要强的，她不服老，可这并不能代表她真的不累。

看着眼前正在留影的游客，我有了主意，对妻说，过来，和妈照张相。

后面的路上，我们便一家三口轮流和母亲合着影，不管眼前的景色好不好看，一见母亲有点累，就停下来，照相!

因为一照相，母亲就能歇一小会儿，喘喘气儿。

最终，母亲也没能登上山顶，我们只在山脚下转了一天，可母亲仍然很高兴。

我自以为这是很到位的孝顺，并且为自己的小聪明而沾沾自喜起来，但是，看到母亲那一缕眼望山顶而不可及的目光，我又不禁感到有些羞愧，母亲能把我从玉米地里背到诊所，我却没有能力让她登到山顶……

感动微信

人生在世，莫以善小而不为，而百善孝为先，孝敬父母，我想是作为一个人最基本的道德底线。俗话说“滴水之恩，当涌泉相报”，更何况父母、亲友为你付出的不仅仅是“一滴水”，而是一片汪洋大海。是否在父母劳累后递上一杯暖茶？在他们失落时奉上一番问候与安慰？是否为他们打扫过一间房？他们往往为我们倾注了心血、精力，而我们又何曾体会他们的劳累，又是否察觉到那缕缕银丝，那一丝丝皱纹。我们也许会记得感谢在人生道路上帮助过我们的朋友，也许会记得感谢辛勤培育我们的老师……是的，他们当然是我们要感谢的，可同时，我们更不应该忘记，父母，永远是我们最值得感谢的人！

（孟庆刚）

心灵佳句

生与死，阴与阳，静与动，就这样和谐地裸呈在微凉的秋阳之下。许多次，她被这样的场景莫名地感动着。

最重要的

纳兰泽芸

她真的很忙。那天她拨弄着宽大老板桌上的地球仪，苦笑着说："我就像这地球一样，永不停歇地转转转。"

母亲打来电话，母亲说："要过年了……"她说："是呀，妈，要过年了，时间太快了，我还有一大堆事没做完。对了，妈，有什么事吗？没什么事我先挂了，我那边还有一个会呢。"父亲打来电话，父亲说："要过年了……"她说："爸，我知道要过年了，越到这时候我越忙。什么？哦，我身体好着呢，你别担心，你自己保重好自己。好了，不跟你多说了，我得马上出去，车在下面等着呢。"

她是真的马上要出去，要到百里之外的另一个城市去拜见一位重要客户。她收拾好公文包，用手整了整干练的短发。这十多年来，她一直是这样的干练与果断。

车子在路上飞驰。在中途，她突然记起那位重要客户的生日好像就在明天。她给秘书打了个电话确认，然后对司机说："等会看到花店停一下，我去买束花。"

她走进一家花店的时候，店主正在忙着为一位年轻小伙子选花。

小伙子说："谢谢你，差不多了。"他沉吟了一会，说："再加几朵勿忘我和一支天堂鸟吧。"

店主笑吟吟地帮小伙子选好了花，扎成一个漂亮而优雅的花束，递到小伙子手里。小伙子匆匆离开了。

她亲手仔仔细细的选好花，这么重要的客户，一定要谨慎重视才是。最后快要包扎的时候，她说："再加一支红掌花和剑兰吧，红掌花象征大展宏图，剑兰象征长寿幸福呢。"花店店主惊讶地说："您懂得真多，而且是心细如发啊，这一定是送给特别重要的人吧？"

她用微笑代替了回答。

这位重要客户快60岁了，祝他长寿幸福、大展宏图是多么适宜啊。抱着芬芳的花束，她想到待会送给客户时，客户惊喜的神情，她不由得有几分自得起来。

车子正经过一段两旁都是田野的公路，冬日的田野，庄稼已经收割完毕，露出了一个又一个圆圆的坟茔。以前她经过这段路的时候，都要让司机将车子慢下来。

坟茔一个一个寂立在冬阳之下，而坟茔旁边，或许就有一个农民在劳动，那个在坟茔旁边劳作的农民，似乎从没有害怕的感觉，似乎可以随时与坟茔里的那位交谈似的。

生与死，阴与阳，静与动，就这样和谐地裸呈在微凉的秋阳之下。许多次，她被这样的场景莫名地感动着。

忽然，她的眼里又掠过一座坟茔，那是一座新坟，坟旁跪着一个青年。一支高高昂头的天堂鸟扎痛了她的眼——那个青年是刚刚在花店买花的年轻人。

她下车，默立于他身后不远处。

她听到他说："妈妈，今天是你的生日，儿子祝你生日快乐……以前儿子不懂事，总惹妈妈伤心，也没有多陪妈妈。妈妈，我怎么会想到，妈妈这么快就走了啊，现在儿子来不及了……"

那支高高昂头的天堂鸟像一柄利剑，瞬间，刺痛了她的心。

她扭过头，泫然欲泣。

她上车，对司机说："掉头，回我老家看爸妈。"

感动微信

生活是一部持续不断快节奏的进行曲，仿佛永无息止。生活是一场持久而激烈的战斗，为了目标我们必须全力以赴。人在江湖，身不由己，当我们长大，当我们远离了父母和家人的怀抱，为着理想和更美好的生活而追求而奋斗的过程中，常常忽视了远方日夜思念着自己的儿女的父母和亲人，当有朝一日，当他们忽然离我们而去之后，留下的伤痕和遗憾将终生难以弥补。为了取得既定的目标，我们甚至记得每一个与目标相关的关键人物的细微的事情，处心积虑地去满足他们可能的感动，但却对自己的亲人们一个小小的团聚的心愿都不能满足，这是生活的残酷，但更多的是我们忘记了自己的责任和感恩。新坟前跪着的青年唤醒了她，让她毅然回头。

生活中有得必有失，人们选择的往往是自己认为最重要的事情，与父母亲人的团聚，慰藉他们的思念之情也是很重要的责任，人生易逝，世事难料，及时行孝，不要让生命留下不可原谅的悔恨。

（李雁彬）

心灵佳句

那个账本，纸张已经发黄，上面的日期从他离开家上大学开始，只见上面一页一页明明白白地写道：赵大哥帮我拉柴火，李三哥给我盘炕……

还不清的债

张文刚

陈顺发的父亲又从乡下给他来信了。不用看他也知道信上写了什么，肯定是父亲又欠了村里人的债，让他回去帮着还债。这样的信他不知接到过多少封了。

父亲一辈子省吃俭用，他怎么会欠债呢？况且每月他都大把大把地供着生活费。无非又是诳他回去罢了。母亲死得早，是父亲把他拉扯大的，并且供他上了大学。陈顺发也有出息，毕了业不但留在了城里，还办起了现在的这家“顺发”贸易公司。可老人家有福不会享，接他进城，说啥不来，还扯他的后腿往那个穷山村拽。一开始来信说有病，等他心急火燎地赶回去，发现是只不过扭了脚，弄得他哭笑不得。父亲却振振有词，说对他不放心，有些话必须当面叮嘱。然后就是听了大半宿的大道理，做人要厚道啦，别忘本啦，有情有义啦，张家这，李家那……陈顺发是左耳进，右耳出，他想的是公司的那笔一百万的贸易泡了汤……后来再有这样的信，他就派手下人去；再后来干脆人也不派了，汇钱！没有钱办不了的。

陈顺发把信随手放进桌子里喊道：“王秘书！”王秘书应声而入。“给我爸打两万块过去。”王秘书不解地问道：“上个月不是打了两万块了吗？”陈顺发不耐烦地一摆手：“叫你打你就打。对了，去日本的飞机票定好了吗？我去了之后，无论有什么事也不许打扰我。”

半个月以后，陈顺发回来了。王秘书一照面就对他讲：“您乡下来人了，说您爸病危，要您回去。”陈顺发一听就急了：“为什么不早告诉我？”陈顺发意识到这次问题的严重性，这回绝对是真的，否则不会来人。

陈顺发匆匆忙忙赶回老家，父亲已走了，村里人给料理的后事。村长把他带到父亲的坟前。陈顺发哭了个天昏地暗。

村长费了牛劲才把他拉起来。村长等他平静下来便说：“你爸临终交代，叫你回来一定替他把债还了。”陈顺发吃了一惊，真还有债？“我爸欠了多少钱？”村长从怀里掏出一个旧本子，“这是你爸给你的账本，上面都写着呢，你自己看吧。”陈顺发接过来，并没有打开来看，而是反问道：“这两年我总共往家里打了足有二十万，都用哪了呢？”村长叹了口气说：“跟我来。”陈顺发一头雾水，跟着村长来到了村西。“记得村西的石头桥吗？”村长头也没回，“早些年塌了，你来看看吧。”石头桥他可记得清清楚楚的，那上面不知留下过自己多少足迹。说话间来到桥边，呈现在他眼前的竟是一座漂漂亮亮的新桥。“这是你爸用你的钱修的，权当替你还债。”陈顺发赶紧打开手里的那个账本，纸张已经发黄，上面的日期从他离开家上大学开始，只见上面一页一页明明白白地写道：赵大哥帮我拉柴火，李三哥给我盘炕，陈小毛替我挑水，林家二侄媳妇为我洗衣服……

陈顺发看着看着，手再也拿不稳，像有千斤！陈顺发眼里噙着泪："这些账我都认，村长我听您的。"这时，他的手机响了，是王秘书打来的，说有一笔贸易急等他定夺。陈顺发一字一句地说道："你们看着办吧。我有要紧事不回去。"王秘书一听就毛了："那哪成啊？您有什么事比生意还重要？"

"还债！"陈顺发重重地挂断了手机。

感动微信

一个人这辈子欠什么债务都可以还清，唯独人情债，永远也还不清。

家乡，是自己的家庭祖祖辈辈的居住地。在人们心目中，家乡早已超越了地域的概念。她既是生于斯、长于斯的家乡，更是生育养育人们的祖国。参天之树必有其根，怀山之水必有其源。家乡，有人们熟悉的乡音，有醇厚的乡情，更有可敬可亲的父老乡亲。

之所以对父老乡亲充满感情，是因为他们曾经给过自己很多爱，总觉得欠他们很多。离开老家就没有甚至一辈子也没有报答他们的机会，心里会充满无限的内疚。

俗话说："滴水之恩，当涌泉相报。"一个人，一个社会人，哪怕学问再大，地位再高，人脉再旺，都要懂得感恩、报恩。

（李杏伟）

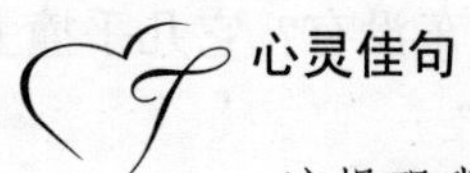

心灵佳句

这提醒我一件老是忘记了的事：生命不是给予。

生死之间

佛瑞斯特·乔其　清风（译）

大概是两周前吧，我带孩子们在公寓大厦前过马路时差点儿惨遭横祸。那天是学期的最后一天，我送孩子们去上学。在我们走过马路四分之三距离时，还是绿灯。我和孩子们习惯性地牵手走过马路。突然，一辆车子不知从何处冲出来，飞快地开过转角，驶向人行道边缘，往我们冲过来了。

我能清晰地看到驾驶员的长相，我们之间的距离近到可以触及对方。驾驶员是个眼神狂乱的美丽女子。她以一寸之差从我们身边闪过。车子打滑了一下，在她减速之后又恢复了控制，接着便扬长而去。我吓得双脚打战，呼吸困难，心跳得像打桩机一样快。可是孩子们却依旧笑闹着沿着人行道走去。经过每一棵树下便跃身看看自己能否摸到树叶。

我因受到巨大的惊吓而不知道该做些或说些什么，最直接的反应就是——生气。当然不是对着那名驾驶员，因为她早已逃之夭夭了。我将全部怒气发泄在孩子们身上。我打算教会他们显然没有在这次经验中学到的一课。

“过马路时绝对不可以粗心大意。看到那辆车没有？它几乎撞上我们了。若真的被撞上的话，我们早就死掉了。”

8岁的儿子平静地回答：“爸，忘了吧！”然后跳起来试着抓到树上的叶子。6岁大的女儿早就绕过街角，几乎跑出我视线之外了。她的举动顿时使我怒气大发。

孩子们如果还记得那天走路上学的情形，他们的记忆中留下的一定是父亲有时会因一点小小的刺激而勃然大怒。孩子们是对的。他们都没做错什么。他们都牵着我的手，也遵守交通信号。我没什么好对他们说教的。

唯一可说的就是，我们每个人的生活中都充满着陷阱。每当地面看起来安全不过时，都会有人在暗处准备拉下把手。冠状动脉硬化、心肌梗死、醉酒驾驶、身体虚弱，每吸食一盎司斯快克就会丧失一磅体重的吸毒者。陷阱打开时，我们没时间后悔，也无发怒或斥责的机会。事情已然发生。我们一味地掉下去，连说再见的机会都没有。

我试着教导孩子们生命的危险面。我们都在做同样的事。过马路前先要左右看看，夜晚要穿白色的衣物。不要接受陌生人的糖果。我们回答他们的问题，也深深地希望他们会问更多。但将一个疯狂的人放上车后，我们所教的一切都失去了意义。

这天下午，我接孩子们回家。觉得他们已有所不同了，变得更易受伤害，也更加珍贵了。我们谈论他们当天在学校发生的事和暑假的计划时，我真是爱极了他们。

这提醒我一件老是忘记了的事：生命不是给予。

感动微信

有多久我们都没有发现，其实我们活得太理所应当了。学习、工作，每一步我们朝前走去，以为必定有收获在前面，只是或早或晚。但其实，生命中充满了不确定和不可知，没有什么是必须得到的，所以失去和错过也是同样理所应当无可非议的。那样的时候，快得只有一瞬，我们甚至来不及抱怨和哭泣。

那么，就请好好珍惜手边握的、身边有的和耳边响起的，现在是如此珍贵，所以我们要紧紧抓住，然后小心而又忐忑地走向下一站。

（心悦）

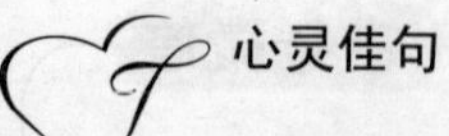

心灵佳句

她的声音，像玻璃一样清脆，也像玻璃一样，透着亮儿。

玻璃心

孙道荣

装修房子，经常会有一些包装纸箱要处理。小区保安告诉我，地下车库里住着一个收破烂的，如果有废纸卖，可以直接到地下车库找他。

在地下车库的一个角落，用硬纸板搭了个临时棚子，棚子周围堆满了各种废纸、铁桶、塑料瓶什么的。一个中年男人，正在埋头将一堆废纸归类整理。听说我有废品卖，他连忙拿起秤，跟我上楼。

找过他几次，就熟了。

有一次去地下停车库找他，不在。探身看看棚子里面，砖块垒起来的木板床上，躺着一个小女孩。问她大人呢？小姑娘告诉我，爸爸到地上收废纸了，马上就回来的，你等等啊。

地上？见我纳闷，小姑娘哧哧笑了，指指头顶，就是上面啊。

反正也没事，那就等等吧。

我问她，怎么不出去玩啊？好像从来没见过你呢。

爸爸不让我出去玩，而且，前几天我又摔了一跤，腿跌坏了，不能走路了。

这才发现，可怜的小姑娘，一条腿上，打着厚厚的石膏。

这时候，中年男人回来了，肩上扛着一大捆纸盒。放下纸盒，他拿起秤，跟我上楼。

新买了几件家电，所以，有很多包装盒。一边帮他折叠，一边聊起来。话题不知不觉转到了孩子身上。他重重地叹了口气，这娃命苦哇。

他告诉我，孩子不是他亲生女儿，是一次收废品时，在路上捡的。开始也没看出孩子有什么毛病，两岁那年，跌了一跤，将胳膊摔断了。也没当个事，只当是孩子骨头脆，经不住摔，哪里想到，原来是大毛病呢。医生说是一个叫什么玻璃的毛病，骨头很脆，一不留神，就会骨折。

我听说过这个病，先天性玻璃脆型骨质疏松症，是个世界性的疑难杂症，从来就没有治愈过的。

最让人担心的，是她常常会摔跤，一个趔趄，就可能折断她的哪根骨头。从小，就不敢让她跑，更不敢让她像别的娃一样玩耍嬉闹。尽管小心翼翼，可是每年，她都会骨折一两次。这不，前几天，一不小心，又摔了一跤，腿又断了。娃还不到10岁啊，她这辈子可怎么活呢？中年男人的眼里，透出沉重的忧郁和悲伤。

我不知道怎样安慰他。

搬家那天，我将儿子小学时用过的课本整理成一捆，送到地下车库。阴暗的地下车库里，飘荡着一股骨头的香气。

他正在煤炉上熬骨头汤。给娃补补。他说。

见我手里拎着一捆书，他赶紧找秤。我说，这次不是卖给你的。这些都是我儿子小学时的课本，放在家里也没什么用，给她看看，识几个字吧。

小姑娘斜躺在床上。我问她，认得字吗？她说，认得的，爸爸每天都教我认字，爸爸收回来的废纸里，有时会有好多好看的书呢。她拍拍身边的一堆书本，这些都是爸爸从废纸里找出来的。

痛吗？我摸摸绑着石膏的腿。爸爸夸我是乖女儿，我不怕痛。小姑娘自豪地说。但是，爸爸，我的腿又痒了。

中年男人走过来，手里拿着一根细铁丝。爸爸帮你挠挠。

他轻轻地捧起那只绑着石膏的腿，小心翼翼地将铁丝捻进去，是这里吗？

我诧异地张大了嘴巴。仔细一看，石膏上，竟然有几个窟窿眼。他说，孩子的骨头正在愈合，很痒，这几个窟窿眼是我挖的，太痒了，就帮她挠挠。

小姑娘，哧哧地笑着。好舒服啊，爸爸。

我看见，小姑娘的眼里，笑出了泪花。我的眼睛也湿润了。

从那以后，每天，我都会将在办公室看过的报纸带回家，隔段时间，就送到地下车库。

每天晚上，小区里都会有很多居民散步，我希望他们的脚步轻些再轻些，不要惊扰了地下车库里的小姑娘和她的爸爸。有时，路过地下车库的出口时，我能听到里面飘出的若隐若现的歌声，是小姑娘在唱歌吗？她的声音，像玻璃一样清脆，也像玻璃一样，透着亮儿。

感动微信

这个世界上阳光照不到的角落里，有这样一群人，他们顽强而平凡地活着。他们忍受着来自世间的一切苦难，然而仍然能微笑着等待春暖花开；他们经历着世间的一切不公，却仍能挺起脊梁，背负着这一切。

他们过着玻璃一样的生活——玻璃一样脆弱，玻璃一样纯透，玻璃一样折射着璀璨的光芒……

（文科）

第三辑

·时光是一趟不回头的列车

生命倒计时常常让我想起电话磁卡。当我们将一张磁卡插入话亭时，显示器立刻显示出卡中的数值，随着通话时间的延长，卡中的数值不断减少。面对着那些不断缩小的数字，下意识地，你会在心中提醒自己：长话短说，别浪费金钱！因为那些变化的数字如同一双眼睛，注视着你，提醒着你，最终让你三言两语结束通话。

其实，生命不也如同一张小小的磁卡吗？所不同的只是，我们常会忘了，在我们的大脑中也会有着一个显示器，告诉我们有限的时光还剩多少。而当生命倒着计时，那年年减少的数字，便会提醒我们，强迫我们——来日无多，该做的事情赶紧去做。

心灵佳句

时间的奇妙之处是，当你痛苦时，会觉得一个小时比半天还长；而高兴时，会觉得一天比一个小时还短。

老话说桃栗三年柿八年。我觉得这句话中包含着育者不焦不躁的心绪和自信。

十年如昔

［日本］永井龙男　春雨（译）

有一个词语叫“十年如昔”。

经过十年，就可以回顾一下世间人事变迁。回顾中，总会有一种终于有闲审视自己已逝岁月的感觉。

以十年为区分岁月的单位是人们的一个习惯。“十年如昔”这个词语既有好容易可以喘口气了的长度，也有着转瞬即逝的暗示。

孩提时代，日日期盼的寒暑假、郊游、运动会总是迟迟不到，而一旦到来，快得仿佛眨眼即逝。

一年八千七百六十小时，乘以今后可活的岁数，就可以得出人一辈子有多少个小时。

一说到人生五十或六十年，就会自然地产生一种沉重感。数一数仅有四十几万几千个小时，紧迫感便会油然而生。某高中的学生在毕业相册上写下各自的感想时，就是这样计算的，说我的生命可能只有这些小时了。

这些少年的智慧让我深为感动，至今仍记忆犹新。但我不知将要进入青年期的他们是否充分意识到所有的时间。

有时可能会感觉只有这些时间不够用，有时也会觉得还要活这么久太无聊。

然而我们这些已失去大半人生的人猜测少年的心情是蠢笨的，也许他们真诚希望，在有限的时间里充实地度过一生，对未来信心满满。

时间的奇妙之处是，当你痛苦时，会觉得一个小时比半天还长；而高兴时，会觉得一天比一个小时还短。

倘若人不经历这种生活，一个小时就是一个小时，一天就是一天，也会感到无比空虚。

这让我想起了小学时的二部制。二年级时，学校决定修建新宿舍，借了别校的房子，开始分两部上课。这一时期我忍了过来，因为有建新的漂亮校园的喜悦和对下午上学的新鲜感。

两年后，三层教学楼建好了。这是当时东京仅有的几座教学楼之一。然而在落成典礼刚过的三个月后，就在神田大火中化为灰烬。

后来我们又借别校的房子，分两部上课。那年我已四年级了，正是贪玩的时候，但附近的小朋友都上学去了，没有伙伴。本来上午学习下午上学就行了，但我就是不能适应。想和大家一起到学校吃盒饭这样的机会都没有。对于一个孩子来说，这也是很悲伤的事。

星期六上半天课。一般上学的孩子上午上完课就早早就回家了，而我们下午还得去上学。为什么我们非得这样？心里觉得可恨。

放学时已是黄昏，从秋风中的枯叶到那染红西天的落日都伴着满怀的悲伤。这样的二部制，一直持续了两年。

在我的一生中，只有这段生命被时间束缚而失去自由。下午在学校的每一个时辰，都是一种无以名状的痛苦，漫长得没有边际。上午的时间则是一片空虚。

就此打住，还是回到“十年如昔”上来。

十年岁月，做梦一样长，又似梦后一样渺茫。只是你习惯了这样思考，就不喜欢对诸事推测。

梦一样长，有点毛骨悚然深不可测的感觉，而醒后之短又令人惊异。期间，我全身心沉入梦中，之后又完全醒来。虽然心里想这是梦，但却有沉入梦中的感觉。

十年前，住宅艰难时，我费了九牛二虎之力，终于买了块土地盖了房子。现在想起来，都不知道是如何完成的。

为了有自己的房子，我和妻子拼命工作。仰望天棚，往事如烟，仿佛那木纹里都浸染着岁月的阴影。

不断响起了拉门声，也有如昔之感。

当年买的那块地是河边荒地，长满了灌木丛。

用几天时间砍倒了繁茂的竹丛，露出了几棵树。

这是几棵长年被竹丛包围，境况悲惨凄凉的栗树、樱树和杉树。在疯长的竹丛中，树木下面没有枝条，棵棵枯瘦如柴。

砍掉了那些瘦弱不堪难以成活的树，留下了三棵樱树、两棵栗树，想把它们养活。

眺望庭院，那几棵树简直惨不忍睹。

那棵最大的樱树，不仅要受竹子的欺凌，孩子们还常常在上面打秋千，备受折磨。开花时，它更显得疲惫不堪。我每年都注意它是否生了毛虫，为它剪去害病的枝条。栗树和樱树也结几颗果子，但都是弱不禁风的样子。

十年之后，它们都变得生机勃勃。

栗树和樱树，今年都结了不少果实，为我们夫妇的饭桌增加了新的内容。

樱树也恢复了青春，甚至有点自鸣得意，树干已长到一抱粗，枝繁叶茂，开花时，简直遮天蔽日。

这些树木恢复生机用了十年时间。仅十年，就变得生机盎然了。

育人之事，并不是要把他们变成像我们这样的人，但必须充分意识到育人的困难与复杂。

恢复一棵樱树的元气尚需十年时光，那么世间许多事情都要以耐心、关心、细心和孜孜不倦的精神去做。

同时，在亲自培育小树的过程中也蕴含着无限乐趣。眼看着它们一天天长成樱树、栗树，期待它们开花的心情，自有一种无可比拟的愉悦。

老话说桃栗三年柿八年。我觉得这句话中包含着育者不焦不躁的心绪和自信。

感动微信

“十年”，听起来多么漫长，现在回首起来，却是那么短促。

作者看到“十年如昔”这个词，不由地想起童年时光，那时也不全是开心，也会有孤独和寂寞，快乐时，时光飞逝；寂寞时，度日如年。然而时光仍旧这么过去了，现在想来却是如此短暂。作者又不由地想起近十年中与妻子拼搏努力的情景，那些场面似乎近在眼前，历历在目，好像昨天发生的事情一般，然而那些樱树却提醒着他，已经十年了，这棵用了十年的时光才恢复元气的树，需要多少的耐心、关心和细心哪。

作者不由感慨，“十年树木，百年树人”，时光留给我们的不仅是逝去，还有不焦不躁的心境和自信。

（左夏林）

心灵佳句

当生命倒着计时，那年年减少的数字，便会提醒我们，强迫我们——来日无多，该做的事情赶紧去做。

生命倒计时

苇 笛

非洲有一个民族，婴儿刚生下来就获得了60岁的寿命，以后逐年递减，直到零岁；人生大事都得在这60年内完成，此后的岁月便颐养天年了。

这真是一个绝妙的计岁方法。虽说科技日益发达，人类的平均寿命亦一增再增，但无论怎样，人的年龄依然是有限的。从某种意义上说，人生不过是我们从上苍手中借来的一段岁月而已，过一年，还一岁，直到生命终止。可惜的是，虽然我们都知道人固有一死，可因为光阴的了无痕迹，因为岁月的永不消逝，我们的心中便常会产生一个错觉：日子长着呢，不管什么事都可以留待明天再说。于是，我们懒惰，我们懈怠，我们怯懦，我们……无论做错什么，我们都可以原谅自己，因为来日方长，不管什么事放到明天再说也不迟。直到有一天，死亡的阴影笼罩着我们的生命时，我们才会悚然而惊：糟了，总以为将来的日子长着呢，怎么死亡说来就来了？那些未尽的责任怎么办？那些未了的心愿怎么办？那些还未实现的诺言又怎么办……还能怎么办？面对一张死亡通知书，人类只能踏上另一条不归路。追悔也罢，遗憾也罢，那个早已写好的结局，谁有能力改变？临终之前，也许人们会在模糊中会想起诗人的感叹“譬如朝露，去日苦多”，也许会想起哲人的教诲“少壮不努力，老大徒伤悲”，可一切，都已悔之晚矣。

此时，让我们想想那个倒着计岁的非洲民族，他们的人生智慧真令人惊叹。生命既是借来的一段光阴，当然是过一天少一天了；而面对自己日渐减少的寿命，面对自己日渐消耗的时光，谁能在心中无动于衷呢？

人生倒计时，一个多么必要的提醒。过去一年，我们的生命便减少一岁，面对有限的时光，我们理应善加利用。于是，我们将自己手中的事务一一打理清楚，分出轻重缓急，再一一安排妥当。当我们的生命只剩下短短的几年、几月甚至几天时，有谁舍得将光阴浪费在鸡毛蒜皮当中？又有谁舍得将精力花费在流言蜚语之上？那么宝贵的时光，只能用在重要的事情上面。如此岁月流逝，当预定的终点到达时，心中还能有多少遗憾？

生命倒计时常常让我想起电话磁卡。当我们将一张磁卡插入话亭时，显示器立刻显示出卡中的数值，随着通话时间的延长，卡中的数值不断减少。面对着那些不断缩小的数字，下意识地，你会在心中提醒自己：长话短说，别浪费金钱！因为那些变化的数字如同一双眼睛，注视着你，提醒着你，最终让你三言两语结束通话。

其实，生命不也如同一张小小的磁卡吗？所不同的只是，我们常会忘了，在我们的大脑中也会有着一个显示器，告诉我们有限的时光还剩多少。而当生命倒着计时，那年年减少的数字，便会提醒我们，强迫我们——来日无多，该做的事情赶紧去做。

感动微信

什么叫生命？古往今来，许多至圣先贤有过精辟的论述。无数文人墨客发出过喟然长叹。简单地说，生命就是时间。人生就是从生到死的一段旅程。

但是，时间只是生命的长度，这是任何生命都有的。而作为人，还要讲究生命的质量。有的人，整天念着“明日复明日，明日何其多”，混天度日，虚度光阴，他既没有给自己创造价值，也没有给这个社会创造价值，他的一生轻如鸿毛；有的人，一天当两天用，争分夺秒，只争朝夕，他，既成就了自己，也造福了社会，他的一生重于泰山。人，生而平等，上天疼爱她的每个孩子，每个人，当他出生的时候，都带着上天送给他的礼物——时间来到这个世界上。人一生的成败好坏都在他对时间的利用效率上。

一生好像很漫长，可是除了吃饭睡觉等，用在工作上的又有多少呢？谁又知道哪一天是他生命的最后一天呢。每个人都要有危机感，以明天就是最后一天的紧迫心态珍惜过好每一天，这样他才不会白来世上一回。

（崔培荷）

心灵佳句

孤灯提单刀，漂泊我自傲，碎心江湖行，问天何时尽……

白刃在喉，可以不迟暮，但世上何物催人老，半是鸡鸣半马蹄。

白刃在喉，可以不迟暮

丛 桦

孤灯提单刀，漂泊我自傲，碎心江湖行，问天何时尽……我妈常说，我是带刀的人。因为我妈查看了我胎记的位置，说："印识在腰，骑马带刀。"我那时小，但这句话却像判词印上了我的大脑皮层。

骑马带刀，每想起这四个字，便似有一季动感而凌厉的风凛冽于草原之上。多年后，当我翻开族谱，得知我们是匈奴后裔，我妈那句谜一样的话便突然有了根脉——连她也不知道那是我们的姓氏密码。

但我不曾骑马，也不曾带刀，我与刀的故事乏善可陈。唯一记得的是我读初二时，班上转来一个同学。我对这同学十分好奇，因为她不是俺村的。那时和我念书的同学都是俺村的，除了俺村的人，我不认识别的地方的人。因此我对她很好奇，很快成为朋友。

她是黑龙江的，俺村有她的亲戚，她住在亲戚家。她梳着两条古典的辫子，相貌属于甜美型，圆脸，嘴唇樱红，两只眼睛里都是羞涩。

有天，她满面愁云地对我说，她最近很害怕。每晚将睡未睡时，总觉得有幽魂在她窗外踯躅。每当幽魂出现，她就胸闷，无法呼吸，好像要憋死了。于是天一擦黑，她就害怕。她已经被那幽魂折磨得苍白不堪。

我决定帮她摆脱困境。

我在家中拿了一把刀给她，记忆中，那刀有一尺长，是用来干什么的忘记了。傍晚时分，我去送刀。在她睡觉的屋里，我强作镇定地仔细观察四周。光线幽暗，空间逼仄，仅有的一扇窗被木框分割成许多小方格，窗外一棵榆树，晚风飒飒，树枝舞着，好像要把什么都抓在手里。我拿出刀，放在她枕头旁边，告诉她有这把刀就什么也不用怕。我想，幽魂看见寒光闪闪的锋刃，就会逃遁。

但之后，我不知道这把刀，有没有使她解脱。再后来，她回黑龙江了。20多年后，忆起她，忆起她的恐惧，我忽然生出许多谜团。究竟是什么让一个15岁的少女陷入噩梦般的忧惧？真的是一缕冤魂吗？还是那棵有些妖氛的榆树？

20多年来，她是不是嫁人生子，是不是为人妻为人母？她是否会想起，20多年前枕边那把利刃？

流年如轮，岁月积淀，今年以来，我常会因某人、某事、某物而蓦然回首。这使我越加相信普鲁斯特在《追忆似水年华》中的说法：逝去的一切都并未逝去，都在某人、某事、某物上寄生，你若碰到，默念你所怀念的一切，它们就会与你应答。而你能不能碰到，全看运气。

年幼时，我曾丢失过一卷绿绸子。那卷绿绸子是一段绿色丝绸缎带，我的心爱之物，我把它丢了。但30多年中，这卷绿绸子却在我心中铺展成一片芳草地，一片白桦林，绿得青翠，绿得梦幻，绿得可遇而不可求。之后我见过的一切绿绸子，都不似那绿。

每到冬天，我还总要想起两个雪球。那是20年前，我在校园门口的路上看到的一幕壮丽景象：两个人滚着两个一米高的大雪球，一个是个小伙子，一个是个男孩。两个雪球那么光滑、那么耀眼，我目不转睛地盯了一会儿，终于忍不住上前央告那个小伙子：“给我一个滚滚吧？”

他们摇头。

我失望极了，一直怅惘到现在。

之后的每个雪季，便总有两个大雪球从记忆深处辚辚而来。我曾多次尝试滚雪球，但都觉得远不能和当年那两个雪球相比。叹息中我明白，当年的雪球也许并没有多么大、多么圆，但经过20多年的润色和加工，已经不是雪球了，而是汉白玉、是水晶、是一颗运行在遥远天宇中的恒星了。

白刃在喉，可以不迟暮，但世上何物催人老，半是鸡鸣半马蹄。没有一把刀能切断时光的河流，也没有一种刀法能闯回旧梦，来去不受伤。

感动微信

如果用心灵来生活，如果让童年的洁净的灵魂展开我们一生的梦想，如果超脱于世俗平庸的泥淖，我们会时刻体验到我们宁静而平凡的生活中，我们质朴无华的生命中，那些迷失在岁月深处的信息会以各种各样的方式呈现。

以一把刀回忆当年，表达了对往昔的人、事、物的思念，更表达出了对母亲智慧的钦佩。以物思人，表达了对小时玩伴的关心。这在提醒人们人生道路总有这样那样的不顺，但我们不能因为这样的不顺而忽略了我们至亲至爱的人。

以绿绸子、滚雪球表达了时光的飞逝，过去了的事就过去了，尽管我们如何回忆如何追寻都不可能回到当年，以此提醒人们要珍惜时间，珍惜眼前人，不要过于忙碌自己而忽略了人生道路上的美好风景。

白刃在喉，可以不迟暮……说明了时间不管如何流逝都会在我们人生中留下印记，抓住时间，不要到老时问自己时间都去哪？

（陈霞）

心灵佳句

子在川上曰："逝者如斯夫，不舍昼夜。"

站在大河之畔，要比站在那大海之滨更能感受到"永远"二字的含义。

河　流

［日本］德富芦花　晨光（译）

子在川上曰："逝者如斯夫，不舍昼夜。"

人们面对河流的感觉，确乎尽为这两句话所道破。历代文人们千万言，终究比不上孔夫子这句经典的判断。

海确乎宽大，静寂时如慈母的胸怀。一旦震怒，令人想起天神的震怒。然而，"大江日夜流"的气势及意味，在海里却是见不着的。

不妨站在一条大河的岸边，看一看那泱泱的河水，无声无息、静静地无限流淌的情景吧。"逝者如斯夫"，想想那从亿万年之前一直到亿万年之后，源源不绝、永远奔流的河水吧。

啊，白帆眼见着驶来了，从面前过去了，走远了，望不见了。所谓的罗马大帝国不就是这样流过的吗？啊，竹叶漂来了，倏忽一闪，早已望不见了。亚历山大、拿破仑，不都是这样吗？他们今天又在哪里呢？在我们的面前，流淌着的唯有这河水。

我想，站在大河之畔，要比站在那大海之滨更能感受到"永远"二字的含义。

感动微信

时光是一条河，没有止息地流淌，但站在它面前，我们却永远望不见最初趟过河水的那片树叶了。

大河奔流，滔滔不绝，在时间的河流中，人生是何其的短暂。“前不见古人，后不见来者。念天地之悠悠，独怆然而涕下！”陈子昂当年面对的也是一条时光的大河，大河的意象总是让人感发思古的幽情，引发天地苍茫的终极追问！在万古如斯，永无息止的流淌中，人类曾经辉煌过的一切事情都消逝得无踪无影。

是呀，面对流逝的时光，我们常常会深思：我们的生命如何在这短暂的驻留中完成光辉的使命。

（李雁彬）

心灵佳句

因为这一切，我都留了时间给你欣赏，但你却没有在意，更谈不上珍惜。在你的生命中，我从来没有听过你像今天珍惜这一分钟一样，珍惜任何一个小时或一天。

死神的账单

曾 颖

深夜，危重病房里，癌症患者迎来了他生命中的最后一分钟。不管他愿不愿意，死神都如期来到他的身边。

尽管在此之前，已经有一千种以上的死神形象在他脑海中闪现过，但这一刻，他仍然恐惧万分。隔着氧气罩，他含糊地对死神说："再给我一分钟，就一分钟，好吗？"

死神问："你要这一分钟干什么？"

他说："我要用这一分钟，最后一次看看天，看看地，想想我的朋友和敌人，或者听一片树叶从树枝上飞落到地上的那一声叹息，运气好的话，我也许还能看到一朵花儿由封闭到开放……"

死神说："你的想法不坏，但我决不能答应你。因为这一切，我都留了时间给你欣赏，但你却没有在意，更谈不上珍惜。在你的生命中，我从来没有听过你像今天珍惜这一分钟一样，珍惜任何一个小时或一天。不信，你看一下我给你列的这一份账单：

“在你60年的生命中，你有一半时间在睡觉，这不怪你，这30年权且算是我占了你的便宜。

“在余下的30年中，你曾经叹息时间过得太慢的次数一共是 1 万次以上，平均每天一次，这其中包括你少年时代在课堂上，青年时期在约会的长椅上，中年时期下班前和壮年时期等待升迁的仕途上。在你的生命中，你几乎每天都觉得时间太慢、太难熬，你也因此想出了许许多多排遣无聊消磨时光的办法，其明细账大至可罗列如下：

“打麻将（以每天 2 小时计），从青年到老年，你一共耗去了6500小时，折合成分钟是390000分钟。

“喝酒，每顿以 1 小时计（实际远非这个数），从青年到老年，也不低于打麻将的数。

“此外，同事之间的应酬，上班之前狂谈足球联赛以及各种臭电视剧，拿着一张报纸出神、吐烟圈，对着窗外看女同事的大腿发呆，对张三说李四的坏话对李四又说张三的坏话，给未婚少女摆荤龙门阵、有事没事到发廊里趴在按摩床上听按摩小姐闲谈或和情人在臭水河边商量如何离婚之类，又耗去你不低于麻将和喝酒的时间。

“除了这些，你还无数次叹息生命的无聊空虚寂寞。为此，你还强拉邻居、同事或下属打麻将、扑克。甚至强抢小孙子的电子游戏。后来，你还赶潮流学人家上网，化名“温柔帅哥”，每天十几小时地泡在聊天室里和一大群真真假假的女人找感觉……

“你还和人煲电话粥。没事上街闲逛，在马路边看人下象棋，一支招就是数小时。

“你还很无聊地读了许多无聊的书，其中有许多，比用过的卫生棉还肮脏且没有价值，你却围炉向火，看得津津有味。

“你还开了无数有较强催眠作用的会，这使得你的睡眠时间远远超出了30年。而且，你又主持了许多类似的会，使更多人的睡眠也和你一样超标……

“还有……”

死神想继续往下念的时候，发现病人的眼中，生命的火已经熄灭了。于是长叹了一口气说：“如果你活着时，能想着节约一分钟的话，你就可以听完我给你记下的账单了，真可惜，我辛辛苦苦的工作又算白费了，世人怎么都是这样，总等不到我动手，就后悔得……死了。”

感动微信

我们在人生中虚度了很多时光，因为我们觉得自己有太多的时间和精力，我们仍然年轻。所以，我们培养坏习惯，随心所欲的吃喝玩乐，还抱怨时间很慢，生命无处消磨。

可是，当最后的死神来到身边时，又是如此的后悔，如此的祈求原谅，如此的将功补过，可是，一切都是徒然，因为人生不会重新来过，每一天都是第一天，也是最后一天。

如果我们当年明白这些道理，就会珍惜每分每秒，欣赏生活中的每一个可以捕捉的美丽瞬间，将生活打造成自己的花园，辛勤劳作，才不会后悔遗憾。

（李金光）

心灵佳句

三道人生茶，道道有真味。莫叹人走茶凉，也莫悲茶尽杯空，茶暖茶凉，茶盈茶空，都是人生味。

浮生若茶分三味，有苦有甜有回味，此时的苦，不必悲叹，自己的甜，也不必自骄，诸般滋味都会化成一道浓香而漫长的回忆。

人生三道茶

陈志宏

在云南旅游，置身大理洱源的高原西湖畔，奇异的湖风，吹来阵阵的夏日清凉。

好客的白族姑娘给风尘仆仆的我们敬上了三杯茶，茶名各异，味道大不同。第一道：苦茶，用久储过的焦茶泡制，味苦难咽。第二道：甜茶，新茶泡水，加入奶酪、蜂蜜和甘草等，其味鲜甜，爽口滑心。第三道：回味茶，上等好茶，掺进八角、桂皮、杏仁和生姜等作料，滚水煮沸，品一口，五味杂陈，滋味如梦般悠长。

白族姑娘举杯敬茶，声情并茂地说："各位远道而来的朋友，一路辛苦了。请喝一杯苦茶，洗去一路风尘，解乏提神。到了我们洱源西湖，美景无处不在，请喝我们的第二道甜茶，赏景品茶，旅途一路甘甜，有滋有味。离别西湖，您一定会回味我们这里的风俗民情，那请喝我们第三杯回味茶，茶里凝结了一路好景好心情，回忆里就会带着高原碧湖的茶清香。一苦二甜三回味，三道茶敬献给远道而来的最尊贵的客人。”喝过三道茶，品咂白族姑娘的话，我不禁有些醉意。上船来，游高原西湖，一路漂荡开去，不禁想起茶和人生来，在晃晃悠悠中，思索和沉醉。

浮生若茶，人生也有近似的三道茶。

青年是道苦茶。

苦学本领，增长见识，拓宽视野，苦拼未来，与命运相搏击，奋力铺就人生基石。人生处处是考场，唯青年时期最多最难最关键，也最复杂最凶险最富戏剧性。每一场青年考，都是苦心苦力苦行程。

吃苦是青年的必修课。食不必奢华，充饥暖胃就行；衣无需锦丽，蔽体保暖就好；行不必车马，抵达目的地，安步当车也好。孟子曰：“天将降大任于斯人也，必先苦其心志，劳其筋骨，饿其体肤，空乏其身，行拂乱其所为，所以动心忍性，曾益其所不能。”这是对青年寄予的厚望。苦，是上苍馈赠给青年的最好礼物。

良药苦其口，利于病；青年茶苦其味，利于人。苦青年，才有甜未来。

中年是道甜茶。

人之秋，为中年。收获，是中年的关键词。爱情完美，家庭幸福，母慈儿孝，心宽体胖，事业如日中天，实力如鼎矗立。中年是人生的甜筒，品味中年，进口冷滋滋，甜津津，入肚却暖烘烘，甜丝丝，是难得一品的如饴甘味。中年是一首清甜的歌，旋律如纯白的奶糖，散发香浓的醇味，音符像浓郁的咖啡糖，飘散沧桑的甘味。

人到中年有好福，酣享甘甜，好似在人生甜海里来回畅游。

晚年是道回味茶。

莫道老来万事休，此时风景最迷人。老年，往事历历，青年的苦，中年的甜，都是回忆的作料。往事经时间风干，老来就着思念下酒，那是深度的迷醉。有道是，老来人更俏。此俏是岁月的屐痕闪着点点金光，光阴的故事动人的诉说。晚年，记忆是雨后深巷里的茉莉花，无处寻花，却于若有若无当中，顿感清香弥漫，无处逃遁。

不经时光浸染，开不出灿烂的人生之花来。俗话说："家有一老，胜过一宝。"老的好处在于回首漫漫人生路，不经意间流露出来的人生哲理、生命追问和终极关怀，统统汇成一个深不见底的碧潭，浓缩世间所有的好或者不好，供人资鉴，是人生的至宝。

人生晚年，是时光累积的生命厚度，是人生航程中，永不倾覆的指路航标。

三道人生茶，道道有真味。莫叹人走茶凉，也莫悲茶尽杯空，茶暖茶凉，茶盈茶空，都是人生味。浮生若茶分三味，有苦有甜也有回味，此时的苦，不必悲叹，自己的甜，也不必自骄，诸般滋味都会化成一道浓香而漫长的回忆。记忆长着翅膀，会带我们在万般滋味里，自由自在地飞翔。

感动微信

人生就像一杯茶，不会苦一辈子，只会苦一阵子。在每个阶段我们所品尝的味道都不同，但每一种味道都值得我们细细品味。

虽然苦茶是我们青年人的必经阶段。但吃得苦中苦，方为人上人，没有经历风雨的花朵终究是不堪一击的，是不能长久生存的。

不以物喜，不以己悲。尽自己最大的努力做好人生中的每一件事，在青年时期艰苦奋斗，即使一时不能成功，也要笑着坚持下去。到了晚年时，这些奋斗史将成为永远值得珍藏的回忆，为了老年时无怨无悔，不要错过青年时的这杯苦茶，苦尽甘来，用双手创造美好的未来！

（魏萍）

心灵佳句

从那时起，每年的四五月间，我都去看望那个老人，顺便采回一束艾蒿，把它做成荷包戴在身上，它不仅能够驱邪带来清香，还能抵挡人世间各种烦扰和诱惑。

像艾蒿一样，平凡而对人有益！

五月艾蒿香

若 荷

一到五月，我便开始想念艾香。对艾，我情有独钟，而这感情多是来自一位老人，以及那道与艾蒿有关的山梁。

艾蒿是山里最为普通的一种植物，山岭上，平洼里，地埂上，只要是种子站得住脚的地方，就能看到它们浓绿的身姿。那年五月，和几个朋友到山中小憩，为的是欣赏大自然的风光，调节一下紧张的情绪。为避开游人的喧杂，我们选择了一条很偏僻的小路，车子一直开到了山坳里，下了车，这才躬身往深处走去。

虽是暮春时节，山上仍然遍地花开，金黄的苦菜花灿然地笑着，野杜鹃在山岩上连绵成粉红的地毯，生长在山涧上的槐树和梧桐，更是香气扑鼻，弥漫了整个空气。我喜欢杜鹃，便走上前去，将它们长长的枝条握在手里。柔软的枝条上，是串串粉红的花朵。我想要花冠，却不忍将它们掐下带走，这也是一种生命呀，人有知性，花有知觉，恋恋不舍中，一次次将握着它们的手轻轻放开。

山顶之上，芳草碧绿得夺目，只是艾蒿还没有成为我欣赏的目标。大家往一个陡峭的山冈攀爬，我着急地向前赶去，不想脚下一滑，身体一闪，脚在摔下去的时候重重扭伤了。朋友听到我的惊呼，三步并作两步跑了过来。我的脚并不见肿，只是疼得不能行走。这时，从青青山坳处，拐过来一位身体佝偻的老人，他俯下身去，将我扶到一个平坦的地方。

不要紧，没有伤到骨头……老人说。一转身，他从容地采到一把阔叶植物递给朋友。现在不行，等一天后，再把这放进开水里泡出色，给她热敷，几次就好了。我有些疑惑地问，这个，能治好扭伤吗？老人笑了：能！当年部队在这里打游击，扭伤后都用这个敷呢。我坐在那里，忍着疼，打量着这位老人。老人脸上沟壑纵横，背了个柳条筐，里面是新鲜的野菜。他语气缓慢地讲述起他们当年打游击的故事，原来他还是当年的游击队员呢。

他一边讲故事，一边不停地在地边上搜寻，手到之处，采下的还是那种植物。这是野艾，他说着，更多地把它递给我和朋友。哦，这就是艾蒿？我知道民间有端午节插艾的习俗，并对这种植物有着很深的感情。五月端午的艾蒿最好，采艾插在门檐之下，一是为了避邪，二是为了纪念屈原。接过老人手中的艾蒿放在鼻尖嗅着，真好闻的香气！

正闲聊着，忽然，我发现老人的右手只有大拇指、无名指和小拇指，那两个指头呢？老人将自己残缺的手往衣服上擦了擦，不经意地说，是在一次战斗中，被鬼子的刺刀扎去了。就在我们竖起耳朵等待老人继续说下去的时候，老人却在故事最精彩的地方闭紧了嘴巴，背起他的柳条筐走了。老人给我们留下了一个谜。

父亲也是战争年代出生入死的军人，他听我说后沉吟了片刻说，在那样残酷的战场上，失去两根手指算得了什么？比手指更可贵的是什么？是生命，有多少人付出了年轻的生命！父亲还说，老人不提两根手指的事，不是不忍，更不是不堪回首，而是英雄不提当年勇。这是一位多么令人尊敬的老人！

从那时起，每年的四五月间，我都去看望那个老人，顺便采回一束艾蒿，把它做成荷包戴在身上，它不仅能够驱邪带来清香，还能抵挡人世间各种烦扰和诱惑。老人留给我的“艾蒿”情结，至今释解着我纷繁的生活中不能化开的心结。比如金钱，比如职位，比如荣耀。

感动微信

什么才最珍贵？年轻时，每个人的答案都有所不同，但经历了很多之后，更多的人会偏向于平凡，平平淡淡才是真。

艾蒿就是这样一种植物，看似平淡无奇，却有着不平凡的作用。文中的老人又何尝不是像艾蒿一样的人呢？在那个战争年代里，老人年轻时是一名普通的战士，他帮助过很多人；在和平年代中，他只是一位普通的老人，却同样也在帮助别人。

人生真正需要的从来都不是金钱、地位和权势，那些都是短暂的虚荣罢了。真正有意义的人生，是要像艾蒿一样，平凡而对人有益！

（左夏林）

心灵佳句

看罢月亮，想象其实生命也一样，从出生的纯洁到老了的悟透，本质上是无多大区别的，只是所处时段不同罢了。

也许每个人都是月亮，反射着父母的光，照耀着膝下的儿女，直到暗淡，直到又形成一个新的轮回。

饮一壶月光

董祖斌

生命中已经亏缺了三十多轮月亮，一直不敢提笔写下关于这圆月的片言只语，不是没有感觉和依恋，只是由于胆怯，那些古今中外描摹月亮的文字实在太多太美。我的文字，不是附庸风雅就是自惭形秽。

三十多年的岁月历程，我的生命已经轮回到自己的中秋了。古语云，三十而立，四十不惑，我正在三十和四十的中央，生命之月好像还未圆，已有渐亏的迹象了。

中秋之月，正是在这秋风秋雨渐起之时，总是会自然地带来一些情绪。情绪会因人而异，有收获的喜悦，也有满怀落寞与惆怅。于是都会对月感叹，花好月圆或是冷月清风，往往在一轮月下却是两重世界。

都说十五的月亮十六圆，至少还保留一份希望，人们害怕满则亏的定律。一个中秋就是一圈生命的年轮，如湖面的水波一圈圈荡漾出去，碰到岸后，就会开始折射回来了。现在月轮就是在一湾海峡上轻抚，两岸的回音渐至共鸣。看罢月亮，想象其实生命也一样，从出生的纯洁到老了的悟透，本质上是无多大区别的，只是所处时段不同罢了。

又是中秋，坐在阳台上，泡一壶茶静静地想，饮着茶，望着月，也想着和月有关的一切物事。

小时候，每到中秋，妈妈总会做点好菜，吃过饭后，搬出椅子坐在场坝里，在光洁如银的月光下乘凉、谈天、吃月饼，看月亮，可不太敢用手指，因为姥姥说过，月亮不能指，否则会划掉指它的人的耳朵，看着这光亮的月轮，想象着一定比镰刀还要锋利，往往用手指一下后，会迅速用手捂住耳朵和眼睛，却又会偷偷地从手指缝间看月亮是否下来割耳朵，见月亮边上的云飞快地跑，以为月亮真的要来了，又胆怯地合上手指。那时的月亮，最洁白，最亲切，最温馨，只要看到月亮就心里亮堂堂的，就像看到了妈妈的脸。月亮里，那时候知道里面住着嫦娥和吴刚，还有玉兔，觉得神仙真好，能飘在空中，不用上学做功课，不用上坡做农活，月亮，是一座宫殿，装满神话。

月光从阳台的玻璃上透过来，照在壶中，茶液已经不多了，皎洁的月光盈满一壶，茶液中泡着几片绿茶，也泡着一轮明月，细细品饮，月光的味道苦涩中透着淡香的回味。

渐渐长大了，也学过地理自然，也开始爱恋，月亮也变得烂漫和科学起来。自从月亮被苏轼喻为婵娟之后，月亮似乎已经成了美女和相思的代名词。于是这月亮被那么多情意绵绵的诗词浸泡，几乎快要失去本色了。好在科学教育让人们知道月亮其实叫月球，是一个绕着太阳转的天体，一些科学术语与数据把月亮剥得如赤身裸体，就剩一堆不生草木和生命的石头，没了美感，破了神秘，多了自然。多少次，我引颈望月，见那些阴影部分，总会想到阿姆斯特朗在月亮上留下的脚印。这月亮，是爱情的调味剂，俪影双双，都是它为恋人留下的回忆照片。那时的月亮，真实又虚幻，若有如无，在记忆中断断续续，伴着青春的热血和爱情，时隐时现，常常出现在为赋新词强说愁的文字里。

壶中的月色还是柔柔的，斟进杯中，亦是满满的，月色通过紫砂壶的氤氲，在青花的杯里沉淀着谈谈的雅意，饮下去，亮堂着五脏六腑，渐至不惑。

一转眼，居然就人到中年了，那么多的前程设计，那么多的美好憧憬，都已在现实的残酷中变得虚幻如烟、遥不可及，手已牵到冰冷，路已走到原点，爱已变得漠然，人已开始慵懒，那个如上弦月的懵懂少年刚刚描绘出那个圆就已转向下弦月，于是手牵着儿子或女子，学着父辈一样开始倾注希望，盼望着有一轮满月的横空出世，一代一代，绵延不已。有个沧桑的女声响起：我在仰望，月亮之上，有多少梦想在自由的飞翔！抬眼望去，月亮还是诗圣看到的那一轮，膜拜和赞颂中它还是凉凉地悬着，漠然地看着人间的浮华，如它身边掠过的云。

忽然觉得自己俗不可耐，以这样一种心情来品饮月光，真是一种玷污。千百年来，中秋圆月一直被赋予了纯洁的友谊、坚贞的爱情、远大的理想、浓厚的亲情，每一次月圆，都引来无以计数的诗文和故事，对影成三人的灵悟、千里共婵娟的执着、高处不胜寒的境界，都在这清清柔柔的月光里。怪那些科学家，总是喜欢用数字和公式毁坏神秘，今天的月亮已经变为一团矿物质的球体，那些附着在其上的诸多神话和故事已经摇摇欲坠了，月光其实是太阳光的反射，多么让人伤神的结局。却忽然有悟，也许每个人都是月亮，反射着父母的光，照耀着膝下的儿女，直到暗淡，直到又形成一个新的轮回。中秋，是一次华丽的转身。

月影西斜，壶中月光只剩下斜斜的一缕，端起对嘴饮尽，才知是虚无，原来最绚丽的月光都照在思想里，现实中月光无色无味。

饮一壶月光，在生命的中秋岁月，不醉，亦不醒。

感动微信

饮一壶月光，品一生岁月。

月亮，总是让我们想起温馨的亲情、纯洁的爱情、亲密的友情，还有那冰冷的公式，无尽的感伤。但在作者的眼中，月亮是儿时天真的童趣；是青春血色的浪漫；是不惑之年的满满期盼。一轮月圆，年年中秋，是作者人生的圆满。它勾勒着我们一次又一次的蜕变，承载着我们心灵的重量。

所以，别再让那些公式占据我们的美感，月亮的故事总要继续，这是前辈们将美好和希望传递给下一代，让月亮见证着生命延续的力量。

不要错过年华里每一轮明亮的月亮，珍爱岁月，珍爱人生。

（张翰芸）

心灵佳句

我一直以为人是慢慢变老的，其实不是，人是一瞬间变老的。

生命是一个体验的过程，悲伤，喜悦，一半一半。那么，就赐我慢慢变老的幸福吧，让我在岁岁年年的日月更替中，见证自己与所爱之人，如何执子之手，与子偕老。

慢慢变老的幸福

朱 敏

村上春树在《舞！舞！舞！》中写道：我一直以为人是慢慢变老的，其实不是，人是一瞬间变老的。看到这句话，心里猛然一沉，继而感觉冰凉凉的，忽然想起许多与老有关的人和事。

父亲就是一瞬间变老的。之前的他一直踌躇满志，华发英姿。每天除了操持饭馆生意，经营河滩上的百亩庄园和养殖场，空闲的时候，手里总是拿着一个考究的茶杯，沏上一杯上好的浓茶，和人下棋聊天。他喜欢笑，笑声朗朗，透着自信和得意。那时的他在我们眼里，就是高远的天，厚重的地。后来，他和母亲的婚姻发生变故，一切仿佛坍塌了。我们离开了家，他离开了我们。

好久都没有见他。有一次三姨来我家，大呼小叫地说："哎哟，我看见你爸了，咋突然间老了，头上全是白头发，好像精神都倒了！”我无语。离婚伤的不是一个人的心，除了父母，孩子的心上也是伤痕累累。如果说他老了，母亲又何尝没老？我们又何尝没老？

离婚后，整整好多年，母亲的脸上都没了笑容，碰上一点点的不如意，她都感觉是天塌下来了，悲痛欲绝地哭泣。我和妹妹也变得更加敏感与神经质，常常自卑自怜得不能自已。那一夜的老成为我们生命中抹不去的一个新起点，我们在苍老中认识了生活的另一面，也尝够了苦涩与孤单。

外婆也是一瞬间变老的。外婆家在县城边上，政府征地，给外婆赔付了一大笔款项，这些钱像块石头，彻底搅乱了他们波澜不惊的日子。有钱后，外婆一下变了，她先是和住在一个院里的小舅分开单过，然后信了佛，不再上灶做饭。她把钱都存在银行里，舍不得花一分一毛。之前她卖菜，挣了钱总是买肉回来，做一大桌子好吃的让儿女们拖家带口地回家吃饭，现在她每天都游荡在街上，无论碰见谁，都伸手要钱，渐渐地，儿女们都烦了，走路都要绕道走。

那些钱不仅为她添置了满头的白发，最终还要了她的命。她走的时候才刚60岁，是心肌梗死，花白的头发让她看起来憔悴不堪，真是让人难过，想想几年前，她还拉着车子风风火火地卖菜，市场上吆喝的嗓门就算她最响亮。为她送葬后，舅舅姨妈坐在一起流眼泪，大家想不通外婆为啥有钱后就变了，变得吝啬小气，变得贪婪。外公说，可能是失去了一辈子操持的土地让外婆失去了安全感。

相对于父亲与外婆瞬间的老去，我更喜欢外公的老。那么缓慢，那么自然，像家乡黄河里的流水，一年四季都缓缓地流淌，无波无澜。外公的一生也算坎坷，很小就失去了父亲，孤寡的母亲迫于生计，无奈带着他和弟弟改嫁。他十来岁就出来挣钱，跑兰州，跑西安，长途跋涉地给人带货。十七八岁跟着一个石匠师傅学习打磨，辗转反复地到了外婆所在的小县城。经人介绍，给太爷爷做了上门女婿。自此，再没离开过这个家一步。

外公老家是固原的，山里人都犟，认死理，脾气还暴躁，所以，从小到大，家里人都怕外公。70多岁了，他还拿着拐杖打舅舅姨妈。他不识字，去了一次银川，自己一个人骑车出去逛，内急，连男女厕所都分不清。但是，他内心平淡，把日子也过得平淡如水。在我的记忆里，几十年了，他的样子就没变过。小小的一撮山羊胡，瘦小的脸颊，细细的三角眼，高高的颧骨，单薄的身子，永远在风中骑着一辆破旧的自行车。

今年中秋节去看他，80岁了，还是老样子。小舅把他的自行车藏了起来，怕他骑出去摔跤。他每天就在家听秦腔，看电视，抽几根烟，喝几杯酒。除了有些孤单，好像再没什么不好。可是，谁又不孤单呢。他紧紧攥着我的手说，自己没用了，活着没意思。我用另一只手轻轻拂过他的眼角，轻声地安慰他："外公，如果我老了，能像你这样，我就心满意足了。"

我说的是真心话，我喜欢外公的老，一点一滴地渐渐老去，让生活的苦痛慢慢进入生命，而不是瞬间倾盆而下，淋我个措手不及。生命是一个体验的过程，悲伤，喜悦，一半一半。那么，就赐我慢慢变老的幸福吧，让我在岁岁年年的日月更替中，见证自己与所爱之人，如何执子之手，与子偕老。

感动微信

用时间来衡量的岁月是什么呢？我们腕上的手表，秒针、分针、时针像三把镰刀一样，把我们的岁月铰得碎如粉末。我们总感叹岁月易逝，人生易老，可是仔细想想，岁月也好，时间也好，不都是人为地制定的吗？人活80岁，跟人活40岁，在所谓的时间上有差别，但在一辈子上却没有差别。重要的是，我们的人生经历过什么。整天晒着太阳，流着哈喇子，絮絮叨叨地说着往事，活到100岁又能怎样？那些趁着生命还在，想自己没有想过的主意，做自己没有做过的事情，少活20年又有什么遗憾？慢慢变老，不是熬时间，而是要慢慢去经历，丰富人生。

（靳志刚）

每个平凡的瞬间都是人生重要的一部分。

放慢你的脚步，静下你的心，去一件一件品味你人生中的每个瞬间、每个细节，你一定会发现每个瞬间里都充满了美妙的和声。

人生并非要都是大富大贵，或大起大落，普通的如时光一样流淌的生活也是我们人生的一部分，而且是重要的一部分。

人生也不是非要到嘈杂的迪厅、密闭的练歌房、开着空调的健身房才能得到心灵的舒展。相反，与大自然的息息相通的普通公园更让人感受到生命平淡中的活力。

喜欢上这样平常的时光，人生才会更有恬淡的韵致。

心灵佳句

山间是那么宁静和空旷，岸边的野草和野花是那么碧绿和娇艳，不时吹过来的微风是那样凉爽和宜人，溪水的鸣唱是那样清脆和悦耳，鱼儿上钩的瞬间是那样令人兴奋和震撼……这一切实在让我无法忘却。

永恒的诱惑

尹玉生

每当飞机飞到阿帕拉契山脉中一条溪流的上空时，机长总会全神贯注地向下凝望，脸上充满惆怅、回味、向往等复杂的表情。有一次，副驾驶实在忍不住内心的好奇，问道："机长，下面这个偏僻、荒无人烟的地方究竟有什么特殊之处值得你如此关注？"

机长从无限怅惘中回过神来，悠悠地答道："看到那条蜿蜒的小溪了吗？当我还是一个孩子时，我常常来到这条小溪旁，坐在一根圆木上钓几个小时的鱼。每当有飞机飞过我的头顶时，我都会抬头望上几分钟，心想，如果驾驶飞机的人是我该有多好哇。""现在，你已经如愿以偿了！"副驾驶说道。

"可是，现在每当我飞临这条小溪时，"机长神情更加凝重地说道，"我都忍不住想起以前那些美好的时光——山间是那么宁静和空旷，岸边的野草和野花是那么碧绿和娇艳，不时吹过来的微风是那样凉爽和宜人，溪水的鸣唱是那样清脆和悦耳，鱼儿上钩的瞬间是那样令人兴奋和震撼……这一切实在让我无法忘却。我想，如果我现在不是在天空飞行，而是在溪水边钓鱼，该有多好哇！”

感动微信

无论我们正在做什么样的事情，总有一种诱惑，使得我们认为，另外一种事情一定比我们正在做的事情要更值得去做，做起来会更有意义。可悲的是，由于这种诱惑无时无刻都存在着，因而使得几乎每一个人都生活在不满足之中，时不时地张望别人的生活，最后给自己徒增烦恼，结束这种可悲状况的解决之道只有一个：要有一颗平常平静的心，不必要将自己的价值放在别人的天平上称来称去，爱上我们正在做的事情，坚信我们正在做的事情同样也是他人眼中有价值的事情。

好好过自己的生活，不要因为追求得不到的东西而忽略自己现有的资源，珍惜自己已经拥有的那份令人羡慕，活出真实自信的自己！

（吴杰）

心灵佳句

其实，每个人心中，都有一些不与人言的伤痛。老天爷像给物体以影子一样，将幸福与不幸同时给了我们。

既然肩膀是老天给的，那么担子也自然是老天给的。

每个人都是一颗石榴

曾　颖

一群十多年未见的儿时伙伴因为一次偶然的由头而相聚，像所有类似聚会一样，大家都衣着光鲜、满面春风地来赴会，半真半假地喝酒吃饭，半荤半素地聊天，彼此感觉既熟悉又陌生。大家聊得最多的无非两个话题：一个是当下的事业发展及家庭状况；二个则是当年谁喜欢过谁，谁是谁的梦中情人。聊前者的目的，无非是忙中偷闲为自己这次聚会找点剩余价值，看看是否能将旧友变成新资源；而后者，则多半是中年人聚会特有的一个节目，大家在半真半假的笑谈中，想寻找出一些自己曾经年轻过的证据，来安慰自己日渐衰老的身心。

所有的人都是那样的光鲜、美满甚至幸福。经商的，日进斗金；从政的，年年有进步。健壮的依旧健壮；可爱的依旧可爱。大家像电视台选秀大赛中的才艺表演那样肆无忌惮地秀着自己的幸福，在热烈而欢乐的气氛中一醉方休。

冰小姐作为聚会的一员，虽然也秀过自己作为一个营销经理每年都超额完成任务、年年都升职加薪的骄人业绩，但她觉得自己是聚会中唯一一个不快乐的人，因为此前几天，她刚结束了自己的第二次婚姻：她的丈夫——那个她深爱着并愿意为之做一切事情的男人，为了一个打工妹而离开了她。这事几乎让她选择去死，她是挣扎着去参加聚会的，在一片欢声笑语中，尽量掩饰自己的愁容，展示着自己美丽开心的一面。周围欢快的气氛，让她如同钻进烘箱的冰那样的不自在。她喝了很多酒，歪歪倒倒回到空无一人的家时，突然感到异常的绝望。她觉得此刻的自己，是世界上最伤心、最落寞的人。

她拿出手机，拨通了闺蜜小芳的电话，小芳是她唯一的倾听者兼心理劝导者，如果没有她的倾听与安慰，冰也许早就成为一具四分五裂的尸体了。

小芳也是聚会参与者，也喝了不少酒，她们在电话里聊了很多，也许是酒的原因，小芳今天的声音也并不像平常那么温柔和理性，在醺醉的状态下，她反客为主，向冰倒起了自己心中的苦水：结婚十多年了，她一直未育，表面上讲是要当丁克夫妻，私底下不知找过多少医生吃过多少药打过多少针吵过多少架。她的丈夫，也是聚会参与者，他们在大家面前展示出的相亲相爱，曾让冰羡慕得牙痒。

小芳对冰说："你不要把自己当成世界上唯一一个遭受痛苦的人，其实每个人都像一个石榴，外表油亮鲜艳，内心却伤痕累累。就拿今天聚会级别最高的王县长来说吧，他的母亲得了老年痴呆症，他是个孝子，为了母亲的病几乎牺牲了所有的休息时间，看着也有些心力交瘁的感觉；开奔驰的阿彭，前段时间和妻子离婚，妻子找了律师团，要将他的公司拆分；始终笑呵呵的老刘，就是我们都羡慕他健壮的那个，前段时间他的妻子下岗了，他正四处托人为她找工作；而一直要宝讲笑话的老邹，前段时间借钱炒股被套，险些喝了百草枯。其实，每个人心中，都有一些不与人言的伤痛。老天爷像给物体以影子一样，将幸福与不幸同时给了我们。"

小芳最后幽幽地说了一句。

不知是酒精渐渐挥发，还是小芳的话起了作用，冰的眼前突然开朗了许多，卧室也不再显得那么空旷和绝望。她发现，以往她只看见自己的不幸福，并把自己当成世界上唯一不幸福的人那样地顾影自怜，是多么狭隘和愚蠢的事情。既然肩膀是老天给的，那么担子也自然是老天给的。她现在能做的，便是珍惜自己被别人赞美和羡慕着的一切，然后以此为药，去疗治自己的伤。

就在她想通这一切的时候，她的手机响了，不看号码她也知道，一定是那个聚会时说起少年时代的她时眼睛里闪过一丝忧郁光彩的男人打来的，他多年来一直单身不结婚，大家都不知道原因，只有她知道……

感动微信

“人有悲欢离合，月有阴晴圆缺，此事古难全。”这世上没有绝对的幸福，也没有绝对的不幸。所有光鲜靓丽的背后也许是伤痕累累的付出，所有痛苦窘迫的背后也许隐藏着小小而温暖的幸福。幸福与不幸，关键在于你如何看待而已。不必夸大你的不幸和痛苦，让自己陷入万丈深渊；也不必小看你所拥有的幸福和快乐，让自己陷入永不知足的泥沼。

台湾漫画家几米曾在他的漫画中说：我掉进了深渊，却看见了最美的风景。这话不仅印证了他患癌症却激发创作而痊愈的个人经历，也现身说法地告诉我们，当你以为自己的人生糟糕得一塌糊涂时，也许老天爷已经开了一扇天堂的窗给你，只是你一直没在意而已。那个窗口，有个天使一直在等你！

（于一彤）

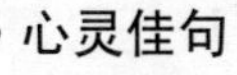

心灵佳句

如果我了病，我就上床休息——我再也不会傻乎乎地认为：要是我卧床不起，家里会乱作一团，地球也不会旋转。

如果我能重新开始一生

［美国］爱玛·洛蒙贝克　芳菲（译）

如果我能重新开始我的一生，我一定要对我习以为常的生活方式作出变更——我会邀请朋友来吃饭，即使地毯很脏，沙发很乱；

我会在考究的起居室里大吃爆米花，若是有人想生个火，我决不会计较灰烬满屋；

我会耐着性子，倾听老祖父唠叨他年轻时的事情；

严冬，我会穿着火红的裙子，一边在雪地上赤足漫步，一边沉思；

盛夏，我再也不怕炎炎烈日——我会让阳光灼得我全身发痛；

我会背上女儿的小书包，像天真的女学生那样在亮晶晶的雨珠中欢笑、奔跑；

我会全然不顾斑斑草渍，同我的孩子一起坐在草地上；

我会将快燃尽的粉红色的蜡烛，雕成一朵玫瑰花；

毫无疑问，我会更多地为丈夫分担生活的责任；

如果得了病，我就上床休息——我再也不会傻乎乎地以为：要是我卧床不起，家里会乱作一团，地球也不会旋转；

当我的孩子突然奔来吻我时，我再也不会说：“等等，先去洗个脸……”

我会有更多的爱情，我也会有更多的遗憾……不过，有一点却可以肯定：如果我再有一次人生，我要让每分钟都充满了奇异又朴素的美。

感动微信

人生没有如果，如果真的能重新开始一生，那么，我们就能完成未了的心愿，我会弥补以前的所有的过失。可是，生命是不可逆转的。也许唯一能做的事情就是在精神世界里畅想自己的生命得以延长或者重新开启，类似于穿越到一个新世界，我会做得更好，为你打下一片大大的江山，让生活更完美。

可是，一切的一切都是假设。如果的如果昭示我们，人生可以惊人的相似，但绝不可以重新开始，我们唯一可把握的就是今天，改变人生的态度，努力做好每一件事，积极承担责任，微笑着生活，快乐地奔跑，不为今天留一丝遗憾。

（一凡）

心灵佳句

“我真的非常喜欢拉里现在这个样子。”

在平凡的生活中他们充分地感受着人生的幸福和彼此浓浓的爱意。

熟悉的人更需要赞扬

张维（编译）

拉里和乔安是普普通通的一对夫妇。他们住在普通的屋子里，屋子就坐落在普通的街道上。像其他普普通通的两口子一样，他们必须为生计和孩子们而辛勤地忙碌着、打拼着。

也像其他普通人家一样，他们也经常争争吵吵，彼此都抱怨这桩婚姻不够美满，都说错在对方，自己是受害者。

这磕磕碰碰的日子就这么索然无味地过着，日复一日，年复一年，直到有一天发生了一件很不寻常的事。

“知道吗？乔安，真神了！每次打开衣柜的抽屉，我的袜子和衬衣总是叠得整整齐齐的摆放在那里，”拉里深情地说。“乔安，真难为你一直为我做这些事。”

乔安诧异的眼神透过眼镜边框射在丈夫的脸上：“你这是怎么了，拉里？”

“没什么，我就想让你知道我喜欢这神奇的衣柜。”

最近拉里老是这样犯傻，所以乔安压根也没有把这些话放在心上。可是，几天后拉里又夸奖她：“乔安，太好了！这个月记账时，支票号码没出什么错。记16笔账只错了一笔。呃，这样记账还差不多！”

乔安简直不敢相信自己的耳朵：“咋啦，拉里？以前你不是老埋怨我写错支票吗？怎么不唠叨了？”

“呵呵，别介意，就想让你知道我很欣赏你所做的努力。”

说来也怪，第二天乔安在杂货店记账时，她一反常态特别留意每一笔支票的号码，确保自己写得正确。“嘿嘿，我怎么真的在意起来这些鬼号码呢？”她自己也暗暗觉得好笑。

乔安想淡化这些事，尽量让自己显得无动于衷，可是拉里古怪的行为愈演愈烈。

“乔安，晚餐真好吃！”一天晚上拉里诚恳地对她说。“感谢你这些年来所做的这一切！在过去的15年里你为我和孩子做了14000多顿饭。”

“嘿嘿，乔安，房间里看上去整洁干净，简直一尘不染，你肯定花了许多时间、费了不少精力……”

“乔安，我得好好谢谢你！真高兴有你这么个好妻子！”

乔安真有点急了，是挖苦、还是指责？她生怕丈夫中了什么邪。随着16岁的女儿也开始嘀咕起爸爸来，这更加剧了乔安的这种担心。

“妈妈，爸爸是不是吃错了药？他老说我很漂亮，哪怕穿着一身邋里邋遢的衣服也这么说。这不大像爸爸往日的做派。妈妈，爸爸的脑子没出什么毛病吧？”

不管这母女俩怎样猜疑，拉里仍然我行我素，每天如此。过了一段时间，乔安慢慢地习惯了丈夫的这些古怪的言行，有时甚至还用微笑来回报丈夫的示好："拉里，谢谢你的赞扬！"她为自己的不动声色而自鸣得意。可是后来拉里的反常行为又升级了，这使得她方寸大乱。

"乔安，你放下锅铲，到客厅里去歇一会儿，我来做菜。"

"拉里…….谢谢……谢谢你对我这么体贴！"乔安激动得半天说不出话来。

从此乔安的自信心大增，她的步伐更加轻盈了，嘴里不时还哼起了小曲，过去那种忧郁、烦闷的心情荡然无存。

"我真的非常喜欢拉里现在这个样子。"她在心里这样对自己说。

要不是后来由此又引出了连锁反应，这个故事也许就到此打住。不过这次是乔安开口向拉里诉说了真情；"拉里，真的，非常感谢你这些年来一直这么辛勤地工作，用自己的实际行动支撑、维系着这个家。我想我也应该实话告诉你，我对此由衷地敬佩，并会永远铭记于心。"

从此拉里和乔安相敬如宾，恩爱如初，在平凡的生活中他们充分地感受着人生的幸福和彼此浓浓的爱意。

不过，无论乔安后来怎样刨根问底，拉里始终都没有说出当初促使他转变的原因，这也许成了生活中的一个秘密——但是我却打心眼里感激这个给家庭重新带来了活力的秘密！

因为我就是乔安。

感动微信

生活是无所不在、无时不在的永久话题。生活是一杯酒，散发着迷人的醇香；生活是一本书，有无穷的知识；生活是乐曲，奏着高低不同的音符；生活是五味盒，装着酸甜苦辣；生活是一条路，充满着无数的选择。

在拉里和乔安的生活里，有过忙碌、打拼，也不乏争吵磕碰，而改变这一局面的是肯定与赞扬。第一次赞扬妻子衣物放得整齐，还有点不好意思，第二次、第三次感到猜疑，后来“习惯了丈夫的这些古怪的言行”，再后来“引出了连锁反应”，妻子也由衷地敬佩起拉里。

尽管拉里“没有说出当初促使他转变的原因”，但是可以猜想：生活麻辣烫，不可能万事如意，是看对方的优点还是缺点、长处还是短处，一般人在社会上可能收敛一点，而在家中往往会忽视长处专拣短处、爱挑毛病。其实，熟悉的人更需要赞扬，这就是所谓的秘密吧。

（王继德）

心灵佳句

幸福其实就是一种感觉，你感觉到幸福了，你就幸福了，幸福如此简单。

幸福是一只猫

阿　平

幸福其实就是一种感觉，你感觉到幸福了，你就幸福了，幸福如此简单。

今天下班，当我看见幸福的时候，幸福正卧在我的椅子上睡觉，我喊幸福、幸福，幸福一动不动，幸福对我的喊声不屑一顾，我不得不上前拍拍幸福的头，幸福一下子就跳了下来，以迅雷不及掩耳之势跑走。

幸福是我家的猫，一只半大的黑黄相间的猫。

我家的猫有三个名字，小白、灰大狼、幸福，这三个名字分不同的人使用，女儿放学回家第一件事就是问，小白呢？然后找到小白，和小白磨叽几句。妻子要是哪天从外边回来了，一开门，灰大狼肯定在门口迎接着，对着妻子喵喵地叫了声，然后引着妻子向客厅里走。要是我回来了，幸福则无动于衷，该睡觉睡觉，该不叫还是不叫。

刚养这只小猫时，妻子和女儿给小猫起了不同的名字，女儿小白小白地叫着，妻子则给猫起名灰大狼。我笑着说，你们会把猫弄乱的。可她们俩我行我素，对我的意见置之不理，我也只好认了。后来我见小猫每天懒懒地躺在我的椅子上，一副幸福的样子，干脆我就叫它幸福算了，这样小猫又多了一个名字。

幸福喜欢叫，有事没事就喵喵地叫几声，有阳光的时候叫，有灯光的时候也叫。我想，一个人，哪怕是一只猫能够有事没事轻轻地叫几声，然后在阳光下散散步，或睡睡觉，多幸福哇。

我是一个渴望幸福的人，尤其是在父亲查出癌症之后，我对幸福的理解迅速变得琐碎起来。我不敢主动给父亲打电话，怕哪一天电话响了，接电话的不是父亲。我给父亲说，你没事就给我打电话吧，你听到电话通了，滴滴滴响三声，你就挂了，我给你回过去。

刚才，接父亲的电话，听父亲的声音似乎有点沙哑，我没有问。

接完电话，我怔怔地看着电脑，眼里涌出大朵大朵的泪花，幸福在我的脚边趴着，喵喵地叫了两声。

我看了看幸福，轻轻打开电脑，看到诗人娜夜的一首诗《母亲》：

黄昏，雨点变小
我和母亲在小摊小贩的叫卖声里相遇

还能源于什么——
母亲将手中最鲜嫩的青菜
放进我的菜篮
母亲

雨水中最亲密的两滴
在各自飘回各自的生活之前

在比白发更白的暮色里
母亲站下来
目送我
像大路目送着她的小路
母亲——

感动微信

一只猫有三个名字，似乎有些奇怪。但你可以看出这个家里每一个成员之间相互的包容和尊重。

家人之间相互陪伴，相互包容，相互尊重，任凭亲情和爱浓浓地流淌，这就是最让人回味无穷的幸福。

最让人伤感、难以面对的，是随着岁月无情的手，养育自己的亲人与我们的生活渐行渐远，而且，有可能在你的心里还没有准备好的时候突然离去。

但什么时候才能准备好呢？倘若亲人不在，幸福就如破碎了的镜子，只是悲伤了。

（严文科）

心灵佳句

在这个世界上，最珍贵的东西是免费的。

苍天是公正的，更是慷慨的；苍天早已把最珍贵的一切，免费地给了每一个人。

最珍贵的东西

苇 笛

忽然发觉，在这个世界上，最珍贵的东西是免费的。

阳光，是免费的。芸芸众生，没有谁能够离开阳光活下去；然而，从小到大，可曾有谁为自己享受过的阳光支付过一分钱？

空气，是免费的。一个人只要活着，就需要源源不断的空气。可从古到今，又有谁为须臾不可缺少的东西埋单？无论贩夫走卒还是明星政要，他们一样自由地呼吸着充盈天地间的空气。

亲情，是免费的。每一个婴儿来到世上，都受到了父母无微不至的呵护，那是一份深入血脉不求回报的疼爱。可从没有哪一个父母会对孩子说："你给我钱我才疼你。"父母的这份爱，不因孩子的成年而贬值，更不因父母的衰老而削弱；只要父母还活着，这份爱就始终如一。

友情，是免费的。寂寞时默默陪伴你的那个人，摔倒时向你伸出手臂的那个人，伤心时将你揽在怀里的那个人，可曾将他（她）的付出折合成现金，然后要你还钱？

爱情，是免费的。那份不由自主的倾慕，那份无法遏制的思念，那份风雨同舟的深情，那份相濡以沫的至爱，正是生命最深切的慰藉与最坚实的依靠。而这一切，都是免费的，更是金钱买不来的。

目标，是免费的。无论是锦衣玉食的王子，还是衣不蔽体的流浪儿，只要愿意，就能为自己的人生确立一个目标。这个目标既可以伟大也可以平凡，既可以辉煌也可以朴素，只要你愿意，你就能拥有。

还有信念，还有希望，还有意志，还有梦想……所有这一切，都是免费的，只要你想要，你就能得到。还有春风，还有细雨，还有皎洁的月华，还有灿烂的星辉……世间多少滋润心灵的美好风物，都是免费的啊……

再不要对着苍天唉声叹气，苍天是公正的，更是慷慨的；苍天早已把最珍贵的一切，免费地给了每一个人。

感动微信

没有阳光，就没有温暖；没有水源，就没有生命；没有父母，就没有我们自己；没有亲情、友情和爱情，世界就会是一片孤独和黑暗……这些都是浅显的道理，但生活中的我们在理所当然地享受着这一切的同时，却常常缺少了一颗感恩的心。

人往往有这种感觉：你会在不经意中发现很美好的事物，可是当你转意去寻找时，就再也找不到了。于是，感叹失去的时候才知道珍惜。所以，不要以为亲情、爱情等是免费的就可以随便拥有或放弃。珍惜生命中所有的历程，不管它代表的是快乐还是泪水，我们都应该带着一颗感恩的心去面对，去珍惜。

（王红霞）

心灵佳句

在无风无雨的日子里，要微笑，要慢慢地踱步，要仔细地品味，因为我们平静的日子不是从天上掉下来，而是靠我们自己勤奋地工作、努力地劳动换来的。

在你拿取东西的时候，一定要小心，别让木刺扎了你的手，别因一枚小小的木刺而破坏了平静而美好的生活。

木刺与人生

易水寒

有一次，我的手指头上扎了一根木刺，用针挑也挑不出来。没有办法，只好等着它发炎、化脓，然后挤出来。这是一个漫长的过程。说起来很轻松，而那时的阵阵作痛却实在是太让人难以忍受了。也只有在那时，我才发现，原来一根小小的木刺就足以扰乱我平静的生活。那时我就常常在心里暗下决心：等我的手好了以后，我一定要加倍小心。

但是等创伤痊愈，我又大大咧咧起来，正所谓“好了伤疤忘了痛”。我想这可能也是人们的一种很正常的心态。

天下本无事，你何必小心翼翼，何必庸人自扰之。但我要讲的并不是凡事都去东张西望，诚惶诚恐，而是——珍惜。

报纸上有一则消息：一个杀人犯被判了死刑，他杀人原因是那人在公共汽车上踩了他一脚。两人发生口角，既而动起手来，最后这人一怒之下用砖头向那人头上连砸几下，将其杀死。我想象不出当初两人是怎样发生口角的，也许这涉及一个人的尊严问题，但我想，朝对方笑一笑，不会有损自己的人格吧，也许当初他们两人心里都憋着一股无名火，不得而知。

都市人天天生活在拥挤嘈杂的环境里，难免心绪烦乱，焦躁不安，但我们该学会自我调节。生活平静，于你就是最大的恩泽。都市里每天在发生车祸，一个车祸就毁掉了两个家庭。还有许多无缘无故的天灾人祸，杀人、瘟疫、抢劫、楼倒屋塌、洪水地震，有些东西可能随时都会降临到我们身上。而且，这一切可能是想避免也避免不了的。所以，在没有波澜的日子里，我们应该感到：其实我们是在享受，同享受温暖的阳光一样，让平静和煦地照在我们身上。

我身边有一些朋友，他们渴望漂泊，渴望撞击，喜欢一种刻骨铭心的疼痛。其实每个人的骨子里都有着不安分的因子，这要看你怎样去运用它、把握它。把自己撞个头破血流，为的是什么呢？我想，那一滴滴淌下的血不会给他快感，给他快感的是鲜血流下以后那片刻的宁静，如同天空一样广阔的宁静。

每个人都不甘平庸，但是我们更应该珍惜平静的生活。在无风无雨的日子里，要微笑，要慢慢地踱步，要仔细地品味，因为我们平静的日子不是从天上掉下来，而是靠我们自己勤奋地工作、努力地劳动换来的。多日的奔波才获得了这难得的平静。一朝到手，为什么还不紧紧拥住它？所以，在你拿取东西的时候，一定要小心，别让木刺扎了你的手，别因一根小小的木刺而破坏了平静而美好的生活。

感动微信

只有失去了才知道珍惜，这是人性的弱点。当我们过着平静的生活，我们会觉得生活枯燥无味，渴望刺激、渴望波澜，仿佛只有那样才能体现我们人生的价值，然而当波澜真正降临在我们身上时，我们才会明白原来平平淡淡就是福。没错，乱世出英雄，但是“一将功成万骨枯”，倘若身在乱世，我们身为那万骨中的一员的可能性会更大吧。所以我们应该珍惜平静的生活，不要因为一时冲动抑或一时疏忽而让平静的生活出现波澜，因为有时候那种代价不是我们承受得起的，更不会是我们愿意承受的。

（李洪涛）

心灵佳句

跑步可以自己调节自己，累了可以放慢脚步或者变为散步，自己掌控自己，很是逍遥自在。

有人说，人生如梦，岁月如歌。但时间老人从不提醒我们珍惜一切，而人们为什么仍然感叹人生风风雨雨、苦辣酸甜？

游园遐想

汤延光

这几天总想放松一下心情，昨夜一觉醒来便不想再睡，忽然就想到要去公园散步。窗外还没有一点亮色，这时的公园应该还很冷清吧。既然想去就不管这些了，一个人在公园广场自由活动或许更能释放自己的心情，于是披衣下楼，直奔元曲公园。

一缕弯月悬挂在中天，公园里静悄悄的，广场上空荡荡的不见人影，空旷的广场好像是我一个人的世界。我开始环绕广场跑步，时快时慢，时走时停，像鱼儿在大海中自由穿行。平时我除了乒乓球运动以外，就是跑步运动了。跑步可以自己调节自己，累了可以放慢脚步或者变为散步，自己掌控自己，很是逍遥自在。尤其在公园里跑步，一边跑一边环顾四周，可以尽情领略红花绿草的美景，还可以观赏习武的、跳舞的和唱歌的活动场景；更为惬意的就是跑着步仰起脸遥望浩瀚的天空，这时你会看到清晨的蓝天、白云是那么遥远和神秘……

跑了几圈过后，全身已经汗津津的了，双腿也灵活了许多。在不知不觉间，天色开始泛亮，远处飘来时断时续的音乐，哦，是李谷一的《迎宾曲》。这时，跳舞的人们开始陆续向广场聚集，第一个到达广场的是一个骑自行车带音响的中年女人，音乐是从她那里传过来的。好久没有听过这么有激情的歌了，时断时续的歌声从我身边飘过，不时把我带入那段激情燃烧的岁月……

我有些累了，开始在广场上散步。最吸引我的应该是挥刀舞剑的人们了，他们的一招一式牵起了我少年时代练武的记忆，那是我青春年少的美好时光，习武好像是青年人的一种时尚，而现在习武却成了中老年人的爱好，最终是为了健身和快乐。我默默地来到一位老者面前，他好像我当年习武的师傅一样，双目炯炯有神，我们互相一笑算是打了招呼，然后拿起他身边一把明晃晃的、带红绸缎的刀，轻轻挥动了几下，似乎找回了一点感觉，看了看四周，并没有人理会我，便自嘲地笑了笑，无奈地离开了习武的人群。

此时，跳舞的人们聚集的越来越多，一行一行排成正方形队列，跳得正起劲儿呢。我不由地朝跳舞的人们走去，这些跳舞的大都是年轻女性，她们随着舞曲有节奏地跳动，没有半点羞涩和炫耀自己的样子，面无表情地像是在完成一项任务，其目的大概就是健身美体吧，有空应该让爱人也加入到这个队伍里，毕竟能得到健身的效果吧。看看周围没有人像我这样好奇地观看，反倒被跳舞的看得我不好意思起来，稍停片刻就离开了。

广场北侧跳交谊舞的很是活跃，吸引了好多人围观。这些舞者男女舞伴都很默契，舞动起来也是一副旁若无人的样子。过去跳交谊舞是受鄙视的，不被人们理解，而现在年轻的女性居然越来越多了。我也曾经学过交谊舞，不过半途中断了，老是费心揣摩女舞伴的心事让我受不了，而这里的男女舞伴都是长时间磨合出来的，想跳，起身就邀舞伴翩翩起舞，一曲罢了，便自由活动，或另选他人再舞，肢体语言代替了所有一切。

“但等那风雨过，百花吐艳，新中国如朝阳光照人间……”远处传来学唱《红灯记》里李玉和的现代京剧唱腔，或许是京剧爱好者在练声呢，还真有那么点味道。我是听着样板戏长大的，记得小时候，有一天听说距我村足有8华里的张彦恒村来了一个电影队，演彩色电影，那时彩色电影刚进入农村，还挺新鲜的呢。记得那天晚上天气很冷，我非要跟着大孩子们结伴步行去看电影，大人们说深更半夜的不放心，不让去，可是那天谁也拗不过我，死活要去看彩色电影，没有办法，也只好放我而去。那晚演的就是现代京剧《红灯记》，演出现场是在一个空旷的田野，老远就看到彩色的银幕了，我们赶到时已经演到第四场了，那是我极为兴奋和满足的一个夜晚，想来还真为自己的执着而感动。

有人说，人生如梦，岁月如歌。但时间老人从不提醒我们珍惜一切，而人们为什么仍然感叹人生风风雨雨、苦辣酸甜？

“又见炊烟升起，勾起我回忆，愿你变作彩霞，飞到我梦里……”回家的路上，邓丽君的歌声不时在我耳畔飘过。

感动微信

每个平凡的瞬间都是人生重要的一部分。

放慢你的脚步，静下你的心，去一件一件品味你人生中的每个瞬间、每个细节，你一定会发现每个瞬间里都充满了美妙的和声。

人生并非要都是大富大贵，或大起大落，普通的如时光一样流淌的生活也是我们人生的一部分，而且是重要的一部分。

人生也不是非要到嘈杂的迪厅、密闭的练歌房、开着空调的健身房才能得到心灵的舒展。相反，与大自然的息息相通的普通公园更让人感受到生命平淡中的活力。

喜欢上这样平常的时光，人生才会更有恬淡的韵致。

（严文科）

心灵佳句

这些年被我走过的每一天，我都过得很充实，都沉浸在愉悦之中。

世间事始终看淡，心才会永远宁静。

幸福在平常生活中

光其军

在街上散步，不意碰见友人。我们互瞧着，不约而同地就发现了彼此两鬓中的几根白发，不禁都感叹起来。是呀，时光容易把人抛，与友人一别也都二十多年了，想当年我们都是踌躇满志、意气风发的青年，都怀揣着青春的梦想。也彼此都说过，此生我们应该有丰厚的人生，成为一个幸福在平常生活中的人。

如今我们再次见面，已是人到中年，都经过了世事的磨炼，都已不再追慕奢华，似乎把一切都看得都很淡了。因而寒暄不久，他就问我，这些年，过得幸福吗？我说，幸福在我的平常生活中啊。朋友说，这也是我所希望的。

握别友人，我就在小城的街头散步，小城的上空正飘着零星的细雨，这些飘飞的细雨竟让我的思绪慢慢地沉淀，过去的岁月，也就随着这飘飞的细雨，从记忆里飘了出来。

时光回溯，过去的岁月被翻开，我又从中年回到了风华正茂的青年。记得那年我高中毕业，高考的失利让我备受打击，我从一个捧着书本的学生变成工厂里的一名工人。记得第一天上班，几个工人不解地看着我，说了一句让我记忆深刻的话：你不是做工人的料哇！我被深深刺痛了心，只好默默地干活，但又不甘心自己追求平常幸福的梦想被残酷的现实无情地摧毁。于是，我就边打工边学习，功夫不负有心人，来年，我终于圆了大学梦，毕业后又有了一份工作，接下来又成家立业，就逐渐地向梦想靠近了。

过去的这些年，我对自己的定位不是很高，只求一个平常生活中的幸福。因而在工作上，我尽量避免差错，力求做得完美。回到家里，也很少出去应酬，心甘情愿地当一个“煮”夫。我的参与给家人减轻了家务的负担，受到了家人的褒奖。每每一下班，我乐此不疲地干起“煮”夫的活，家人高兴地称呼我为后勤部长。一开始我对诸如买菜、做饭、打扫卫生这些家务做得不太熟练，但经过不断摸索和家人的悉心指导，我从不会到会，逐渐做得出色起来。当家人回来看到窗明几净，饭菜飘香，显得高兴时，就觉得付出是值得的，当一家人其乐融融地在一起吃饭，孩子说她就喜欢这样时，我心里往往溢满着幸福。

初夏的时候，在门前光洁的台阶上，我捡到了一棵辣椒苗，把它栽在阳台的花盆里，任它自生自灭。没想无人照料的它，几日后，竟然开出了一些白花，这意味着它要长出几只辣椒了。不久，它果真结了几只辣椒，青绿的，甚惹人喜爱。像这样一个陷于死亡边缘的辣椒苗，我只给了它一点生存的地方，它就将生命的价值体现，确实让我感动。有人问我，花盆不养花，怎么就栽一棵辣椒？我则告诉他，我是在维护一个生命啊。辣椒也争气，一直结到秋天，成了我阳台唯一的风景。每天我都与辣椒约会，见证了它从青春到暮年，由绿变红的过程。看到一棵生命在我手里得以重生，我觉得很幸福，这也是一种平常的幸福。

忙碌之余，我会抽时间去看望同城的母亲。见我来了，母亲很高兴，说着一些很唠叨的话，我不仅不烦，反而耐心地听她说完。然而母亲说到最后，总是打起了瞌睡。睡着的母亲皱纹深深，岁月在额头上雕满了酸甜苦辣，我被岁月之剑深深刺痛。母亲老了，已是不争的事实。每次离开，母亲总是千叮咛万嘱咐我要好好工作，好好做人，同时不忘给我一些腌制的咸菜，真是可怜天下父母心。我每次回家，母亲总要说给邻人听，将她的喜悦分享给他人。我很开心，我的母亲是幸福的，作为我也是一种平常的幸福。

这些年我还码了许多的文字，被报刊发表，也出版了几本散文集，它们是我一路的风景，温暖着我的生活，令我激动，也令我幸福，这也就是一种平常的幸福。

这些年被我走过的每一天，我都过得很充实，都沉浸在愉悦之中。这是一个纯粹的平常人的生活，这样的生活，应该每个人都有。只是有人不愿过这样的生活，总是过高地要求自己，反而使自己过得不幸福。

日子一天天要过，每个人都有这样那样的想法，但我们为什么不能将这些平常的日子过得有滋有味，学会感恩，学会幸福呢？记不清是谁说过“世间事始终看淡，心才会永远宁静”，我想用它来作为我平凡生活的座右铭。

感动微信

事可对人语，心常如水平。幸福在平常生活中，是人生的一种心境，是世间的一个哲理。

朋友相见是平常；努力向上是平常；工作完美是平常；当一个“煮”夫是平常；看望母亲是平常；植一棵辣椒是平常——正是这些平常琐碎诠释着人生，蕴含着幸福，传递着快乐。

人生一世，草木一秋。生命就如同那棵辣椒，活在当下，过好每一天，才能结出果实。好高骛远，一心想辉煌干大事，而不从点滴做起，只能生活在虚幻中，生活在抱怨痛苦中。

幸福就在我们身边，让我们注重平常，践行幸福，拥抱幸福。

（王继德）

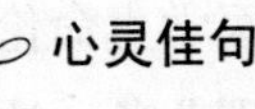

心灵佳句

当真正面临这种境遇时，更多人还是想活下来。

只要能活着，可以不惜一切代价。

但求生死遂人愿

[美国] 阿西瓦·马苏德　春雨（译）

一天，70岁的医学伦理学家肯尼斯·普拉格医生接到另一位医生史蒂芬·威廉姆斯的电话，后者56岁，曾在普拉格手下受训，现为一所医院的主治医师。但是，当普拉格医生弄明白来电的原委后，开始有些心神不宁。

在多数情况下，只有患者家属不愿放弃治疗时，才需要医学伦理学家的介入，但这次恰恰相反。威廉姆斯正在治疗一位36岁的病人，这位病人眼下虽然不省人事，依靠多种生命维持设备存活，但仍有康复希望。可病人家属一致认为终止治疗才是最佳选择。

躺在ICU（重症监护室）病床上的男子名叫约瑟夫·布朗，身材高大，体格健壮。此刻已全然失去意识，他的父亲、妹妹和女友都认为应该撤走维持生命的医疗设备。布朗需要截肢——事实上，必须多处截肢才能存活。他的工薪家庭成员单方面认为，作为一名砖瓦匠，布朗得靠双手工作，如果没了双手，他的生活将毫无价值。“他不会愿意这样活着”，他们声称。

对这家人的决定普拉格很是不解。自1992年医学生命伦理委员会成立以来，普拉格每年要处理150至200起医学伦理业务。这是他遇到的极罕见的复杂案例之一。

“如果不能确定病人的意愿，挽救生命似乎更为合理。与其无缘无故地死，不如不明不白地活，前者比后者更不公平。”普拉格说。

布朗的主治医生威廉姆斯通常能处理大多数棘手病例。但是，由于此案异乎寻常，威廉姆斯需要听听他人的意见，以确保做出正确判断。如今医学技术进步巨大，医生很难断定在哪个时间点上治疗是无效的。

如果患者、家属和主治医生在治疗上意见分歧，医生就会咨询医学伦理学家，后者将尽力使三方达成一致，并提出最有利于患者的建议。

单身白人男子布朗和家人住在一起。2005年11月，他的脚趾感染。起初，他并不在意，觉得在家用些抗生素或药膏处理一下就可以了。但脚趾周围的皮肤逐渐硬化、变红，最后不得不去医院。即便那时，布朗仍认为只需要做个外科手术，去掉脚趾里受感染的部分就没事儿了。不幸的是，情况远非如此。

当布朗到医院就诊时，细菌已侵入血液并扩散到全身，发展成为坏死性筋膜炎——一种“噬肉性”疾病，确诊患者的死亡率高达73%。

这种病的起因很简单，只是被纸割伤或丘疹即可引发感染。细菌通过伤口进入人体，沿着浅筋膜（肌肉和脂肪之间的隔层）扩散。

布朗很快出现败血症和多个器官衰竭症状，不得不注射镇静剂，在气管上插管，戴上呼吸机。

在见到布朗的家人之前，威廉姆斯曾以为他们不了解患者的临床状况。“我想让他们明白，布朗的情况还是可以救治的，有修复术、康复中心，即便在截肢之后也能拥有高质量的生活”。

威廉姆斯在一间会议室与布朗的家人见面。将近70岁的布朗父亲约翰，面容粗糙，但很健壮，一看就是历经数十年努力工作才能维持收支平衡的工薪族。他一直坚持说，作为体力劳动者的布朗宁愿死也不会愿意截肢——一旦截肢，他将毫无用处。

威廉姆斯说：“我跟他们说，在这种情况下，通常不会移除生命维持设备。如果患者年纪不大，就要尽一切可能挽救他，除非已经确定没有希望。”

但病人家属一直摇头表示不赞同。“这是一个只能维持基本生计的工薪家庭。我猜他们没有受过大学教育，他们都是很好的人，但是，必须用简单词语向他们解释。”威廉姆斯说，“我告诉他们，布朗目前的一切不良状况都可以好转，因为早期迹象表明他正在恢复。”

但是家属似乎不为所动，坚持认为：布朗没有四肢还能做什么？他的未来会怎样？

“他们很平静，但非常固执。”威廉姆斯说，他仍旧很难相信家属想让布朗离去。布朗的家人既不生气，也没有太多情绪。他们很清楚自己想要什么，就是停掉呼吸机，并且确信这也是布朗自己的想法。他们相信，布朗宁愿死也不愿带着残疾活着。

有时候，家属会告诉威廉姆斯：他不是上帝，不能决定谁能活多久。威廉姆斯笑了，捋着花白的胡子：“我告诉他们，上帝的欲望清晰明了。每时每刻我们都在通过呼吸机、静脉注射、起搏器与上帝抗争。上帝想把你们至爱的人拉入天堂，而我却拼命把他留在人间，这种拔河比赛我经历过很多次。”

会面之后，威廉姆斯知道自己需要其他人的观点来拖延时间，他决定找医学生命伦理委员会商量。

始于20世纪70年代的生命伦理学，主要研究生物医学中的道德问题。医学技术的进步使人类越发有能力干预人的生老病死，这将引起积极和消极的双重后果。一方面，人们能更有效地诊断、治疗和预防疾病；另一方面，在各国的医疗和研究工作中，违反生命伦理的事件总是存在，技术的进步也带来了对人的尊严和价值的挑战。

20世纪70年代，纽约第一个伦理委员会成立时，普拉格还是一位胸腔内科医生，由于与重症监护室的病人打交道的机会越来越多，他开始思索医生们治疗绝症患者究竟是在延长他们的生命，还是在延长其死亡过程。

威廉姆斯把布朗的案例扔给了普拉格。普拉格认为，治疗丧失意识的患者时，尽管通常的做法是遵循家属意见，但他觉得，听任布朗死去是不妥的。只要布朗的大脑没有严重受损，他就可以活下来。“他（布朗）绝对想不到会有这么一天，我不清楚他的亲属怎么如此确定他的意愿。”普拉格说。

正如威廉姆斯期望的那样，随着时间的拖延，布朗的病情开始好转。由于药物发挥作用，他的白细胞数逐渐增加，而后趋于正常。毒素含量开始下降，肾功能得到改善。尽管骨科医生仍建议将布朗的四肢都截掉，但即使这样，他应该还能活三四十年，放弃治疗实在让人惋惜。

经过数日讨论后，布朗的家属还是坚持撤掉布朗的生命维持仪器，他们担心延迟太久的话，布朗将带着残疾度过余生。

医院终于撤走了布朗的生命维持设备，所有的蜂鸣警报器、呼吸机和闪烁的显示器均已停用。床边的空间全部留给家属，以便家属在布朗可能留在这个世界的最后时刻里陪伴左右。

医生关掉了呼吸机，拔出了插在气管中的管子。但奇迹发生了，布朗并没有呼吸困难，他开始自主呼吸，平静而自如地呼吸。

15天后，布朗开始恢复知觉。他的妹妹试图和他说话，并告诉他医生建议对他的手和腿进行截肢。

令她吃惊的是，布朗的第一句话就是："只要能活着，可以不惜一切代价。"

一个月后，布朗做了四肢截肢手术，然后出了院。

几周后，在医院的候诊室内，布朗坐在轮椅上，阅读放在轮椅折叠桌上的杂志。在等待转移到康复中心期间，他的残肢均被包扎起来。威廉姆斯主动和他打招呼，布朗伸出残肢同他握手，但并不清楚威廉姆斯是谁。当威廉姆斯向布朗解释了发生在他身上的一切之后，布朗尽管对截肢感到相当沮丧，但表示他很高兴自己还活着。

"许多人都避讳谈及残疾问题。当真正面临这种境遇时，更多人还是想活下来。他们可能会说，我或许有残疾，但我热爱生活。"普拉格说道。

感动微信

这是一个生命伦理问题，也是现实社会生活中人人面对的问题。

36岁的约瑟夫·布朗，病入膏肓，不省人事，面对家人放弃治疗的坚持，威廉姆斯打破常规，与医学伦理学家一道拖延时间，正确施救，终于挽救了布朗的生命，遂了他“只要能活着，可以不惜一切代价”的心愿。

生命是自然造成，上天赋予的，非常之可贵。对生命的尊重是社会生活的基本原则，文明是从尊重生命开始的。因为只有个体的生命，才有浩繁的社会；只有起码的生命，才有丰富的人生。

尊重生命，领悟生命，充满对生命的神圣感，是做人的真谛。无论富贵，无论名利，与生命相比都无足轻重。

（王继德）

这个世上，有许多许多的美我们是感受不到的。开在深谷里的幽兰，无人欣赏，默默地绽放，默默地飘香，默默地凋零；长在深山里的小草，无人关注，无言地点点呈现生命之绿……路边燃烧的木棉，天边染红的晚霞，耳边飘荡的音乐，又有多少人欣赏到了？就像今天晚上，你在灯下思念着这个人，外面呼啸的冷风夹杂着雨点敲着窗户，啪——啪——一下又一下，一声又一声，犹如敲在你的心坎里。你想着想着，心痛着，伤心欲绝，忍不住地呜咽不止。而这一切，他是无从知晓的。这段感情注定是要被辜负、被错过的。

而那有限的美，也只有在合适的时机，才会宿命般与我们邂逅。

心灵佳句

但那天中午相对静坐的一段时光如无价之宝，珍藏在岁月的金盒里，这些只有两个生灵知晓。

相对静坐的时光

［印度］泰戈尔　枫叶（译）

这时，我记忆的屏幕上，又浮现起那天中午的情景，下倦了的暴雨，不时被狂风吹得亢奋起来。

昏暗的书房里，我无心写作，操琴弹奏起深沉的马勒尔雨曲。

她从旁边的卧室出来，走到书房门口又折回去。不大一会儿，又到门口，轻轻地迈进书房，无声地坐下，低头做了一会儿针线活儿，然后怔怔地望着窗外烟雨笼罩的树丛。

雨停了，曲子也弹完了。她起身拢拢秀发。

除了这无声的动作，她没有别的表示。留给我的，便是雨丝，琴曲，闲坐，幽暗浑然交融的一个中午。

充斥于史书的是帝王和征战的廉价故事。但那天中午相对静坐的一段时光如无价之宝，珍藏在岁月的金盒里，这些只有两个生灵知晓。

感动微信

古希腊哲学家赫拉克利特说："人不能两次踏进同一条河流。"生命就是河流。

对于有限的生命来说，人生最珍贵的，似乎并不是青史留名，而是享受静谧时光里的自由和甜蜜。

用哲学家的话说，人活在当下，也就是此刻，此刻是最真实的，是鲜活的。至于过去，已和此刻的生命没有关系，包括那些人类的辉煌的历史，包括那些还不确定的将来，这些都是虚幻的，只是此刻是真实的。

中国唐代诗人李白说："五花马，千金裘，呼儿将出换美酒，与尔同销万古愁。"他这种不管不顾的精神，正是在说：此刻是最真实的。

让此刻的生命丰富、饱满、有价值、有意义，便不虚度。此刻的生命，就是我们现在阅读着的时间。

（严文科）

心灵佳句

他们更多地，探索自己内心世界的温热与喜悦，就像披着大雪的农舍，烟囱里冒出的，是温暖的人间烟火。

雪霏霏，空寂中谁能享受这晶莹的春意？把冬天变成一段满是愉悦、歌声、闲暇、爱恋的时光。

雪落如禅

孙丽丽

雪在落，静静地……

雪落的日子，有一种禅意的安静。

纷纷扬扬的雪，渗透进我的梦里，那么柔软。从梦中醒来，周围静悄悄，窗棂上，雪厚厚地铺了一层，柔软似羽绒，玻璃上爬满了冰纹，美丽又神秘。

没有风，雪落得很轻，很匀，舒缓成一首诗。曾记昔年，一素衣淡妆少女，回眸微微一笑，道出“未若柳絮因风起”，这一比拟惊艳千年，她是晋代才女谢道韫。

她死后已无人懂雪了。雪花在天涯放肆地疯狂地飞舞着，看似无心，没有方向，扯天盖地，它一定有着自己的难言。人若有苦，可以求天地垂怜，天地之苦，又有谁能感知？

雪，是季节的礼物。每一个冬天，都需要雪来滋润。

我想起故乡的小镇，那时冬天很冷，雪花在飘，天与地之间，已没有了空间，一片银白的世界，好干净，篱笆树木形态更加奇妙，仿佛大自然在一夜之间，重新涂改了田野的风景。只有那口老井，没有被埋住，虚虚往上冒着蒸汽，老婆婆，穿得臃臃肿肿，在井边洗芋头。踏上僻静的乡村小路，雪很干很脆，踩上去发出吱吱的响声，亲切而温暖。冬的夜，是寂静的，但是那些小动物，却在时时刻刻活动着，在雪地上留下足迹。

下雪的日子，我喜欢站在窗前发呆，感受天与地的静美。喜欢听《雪落三千院》，仿佛淡墨山水，清冷高古，而忆及前尘往事，不过万古长空，一朝白雪而已。不断重复的旋律，仿佛千百世的轮回，里面有禅的意味。音乐止息，而座前的小炉炉火还盛，水沸茶开，幽香满室。

想起某年冬日，游古寺，一飞鸟掠过长空，群山苍然邈远，暮色渐渐笼上来。寺内无人，唯有梅花两三株，状如飞雪。一个人在雪中默默地走着，留下一行孤独的脚印，古钟悠远响起，一弯夕月挂于半空，淡若清梦。

梅与雪，宛若梨与月，若缺了一方，总不免生出几分遗憾。“梅须逊雪三分白，雪却输梅一段香”。梅和雪，都是春的使者。

雪，死亡后的雨水，有着雨的精魂，冷处偏佳。亦如，有些人看似清冷孤傲，其内心却是火热，如张爱玲等。他们更多地探索自己内心世界的温热与喜悦，就像披着大雪的农舍，烟囱里冒出的是温暖的人间烟火。古人亦常从寂寞孤寒中，酝酿出一种生命的诗情。所谓的枯寂，不过是一种表象。

雪花，总让人想起中国山水画卷里的留白。“大雪三日，湖中人鸟声俱绝”，每读此，心浸透在这简约的意境中，幽深静远。有人说冬天是白的，是最单调的颜色，其实，白色是一切最丰富的底色。雪，让内心纯净如一张白纸，让思想的淡墨，渐渐铺陈开来。

雪霏霏，空寂中谁能享受这晶莹的春意？把冬天变成一段满是愉悦、歌声、闲暇、爱恋的时光。

在某处，雪正在飘落。

感动微信

雪花向来是文人墨客笔下生花的尤物，一切关于纯洁美好的赞誉都会用在它的身上。单说下雪时那样静谧温柔充满浪漫情怀的场景，相信这世上应该没有人会厌恶吧。落雪的日子，是澄心静虑，静听天籁的纯净日子，雪花包裹着的世界总是蕴藏着一种悠远而洞彻的禅意。凝望雪落，细品雪花造就的文学艺术作品，让人不觉超越尘梦，如幻如虚，心灵在瞬间到得升华。

（爱小溪）

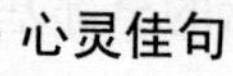

心灵佳句

一切都归于泥土，这是一切肉体的归宿。

因为他知道他已经尝到一些生活所能赐予人的最大的幸福。有很多人，可惜，连这一点也没有得到过。

半张纸

[瑞典]斯特林堡　风铃（译）

当最后一辆搬运车离去时，那位帽上戴着黑纱的年轻房客还在空房子里徘徊，看看是否有什么东西遗漏屋子里。没有，什么东西都没有遗漏。他来到走廊，决定不再回想他在这寓所中遭遇的一切。但是就在墙上的电话机旁，有一张涂满字的小纸头。上面的字是由好多种笔迹写的；有些是用黑黑的墨水写的，很容易辨认，有些是用黑、红和蓝铅笔草草写成的。这里记录了短短两年里全部美丽的罗曼史。他决心要忘却的一切都记录在这张纸上——半张小纸上的一段人生故事。

他取下这张小纸头。这是一张有光泽的淡黄色便条纸。他把纸铺平在起居室的壁炉架上，俯身读起来。

首先是她的名字：艾丽丝——这是他所知的名字中最美的一个，因为这是他爱人的名字。旁边是一个电话号码，1511——看起来像是教堂唱诗牌上圣诗的号码。

下面潦草地写着：银行，这里是他工作的地方，对他说来这神圣的工作意味着面包、住所和家庭——也就是生活的全部基础。一条粗黑线画去了那电话号码，因为银行倒闭了，在短时期的焦虑之后他又找到了另一个工作。

接着是出租马车行和鲜花店，那时他们已订婚，而且他手头很宽裕。

家具行，室内装饰商——这些人布置了他们的寓所。搬运车行——他们搬进来了。歌剧院售票处，5050——他们新婚，星期日夜晚常去看歌剧。他们在那里度过最愉快的时光，他们静静地坐着，心灵沉醉在舞台上神话境域的和谐之美中。

接着是一个男子的名字（已经被画掉了），一个曾经飞黄腾达的朋友，但由于事业兴隆冲昏了头脑，以致又潦倒到无可救药的地步，不得不远走他乡。荣华富贵不过是过眼云烟罢了。

现在这对新夫妇的生活中出现了一个新东西：一个女子的铅笔笔迹写的“修女”。什么修女？哦，那个穿着灰色长袍的亲切和蔼的人，她总是那么温柔地到来，不经过起居室，而直接从走廊进入卧室。她的名字下面是L医生。

名单上第一次出现了一位亲戚——母亲。这是他的岳母。她一直小心地躲开，不来打扰这新婚的一对。但现在她受到他们的邀请，很快乐地来了，因为他们需要她。

以后是红蓝铅笔写的项目。佣工介绍所，女仆走了，必须再找一个。药房——哼，情况开始不妙了。牛奶厂——订牛奶了，消毒牛奶。杂货铺，肉铺等等，家务事都得用电话办理了。是这家的女主人不在了吗？不，她生产了。

下面的项目他已无法辨认，因为他眼前一切都模糊了，就像溺死的人透过海水看到的那样。这里用清楚的黑体字记载着：承办人。

在后面的括号里写着“办丧事”。这足以说明一切！——一个大的和一个小的棺材。

埋葬了，再也没有什么了。一切都归于泥土，这是一切肉体的归宿。

他拿起这淡黄色的小纸，吻了吻，将它仔细地折好，放进胸前的衣袋里。

这两分钟里他重又度过了他一生中的两年。

但是他走出去时并不是垂头丧气的。相反地，他高高地抬起了头，像是个骄傲的快乐的人。因为他知道他已经尝到一些生活所能赐予人的最大的幸福。有很多人，可惜，连这一点也没有得到过。

感动微信

半张小小纸片上，记载的事情很繁琐，有些是温馨快乐的，有些痛苦悲伤的。这就是主人公两年生活的缩影。虽然他们留下了那么多美好的回忆，都浓缩在了这半张纸片上。虽然男主人公失去了很多，妻子和孩子也永远地走了，但他也曾拥有过很多，这些却是很多人一生都不曾拥有的。现在他要离开这里了，要开始新的生活。

人生是由很多段组成的，在我们走过一段，失去一段，永远无法再把握一段时，应该回顾它，回顾曾经的努力与得到，将它作为一种幸福放在心里，而不要将悲痛延续，因为还有下一段要走。

（左夏林）

心灵佳句

真正珍惜过去的人，不会悲叹旧日美好时光的逝去，因为藏于记忆中的时光永不流逝。死亡本身也无法消除一个记忆中的声音，或擦去一个记忆中的微笑。对已长大的那个男孩来说，那儿将有一湖水不会因时间和潮汐而改变，可以让他继续在阳光下享受安静时光。

阳光下的时光

[美国] 约翰·布莱德列　风帆（译）

“虽然我不是富甲天下，却拥有无数个艳阳天和夏日。”

写下这句话时，梭罗想起孩提时代的瓦尔登湖。

当时湖畔的美丽景致尚未被伐木者和火车严重破坏。小男孩可以驶向湖中，仰卧于小舟中，从此岸缓缓漂向彼岸，伴随着鸟儿戏水，燕子翻飞。梭罗喜欢回忆这样的艳阳天和夏日。“这时，慵懒是最迷人也是最具生产力的事！”

我曾经也是热爱湖塘的小男孩，拥有无数个艳阳天和夏日。如今阳光、夏日依旧，男孩和湖塘却已改变。已经长大成人的男孩，不再有那么多闲暇时光泛舟湖上。而湖塘也为大城市所并。苍鹭曾经觅食的沼泽，如今已枯干殆尽，上面盖满了房舍。睡莲静静漂浮的湖湾，现在成了汽艇的避风港。总之，男孩所爱的一切都已不复存在——只留在人们的回忆中。

有些人坚持认为只有今日和明日是最重要的，可是如果真的照此生活，我们将是何等可怜！今日我们做的许多事是徒劳而不足取的，很快就会被遗忘。我们期待明天将要做的许多事情却从来不会发生。

过去是一家银行，我们将珍藏最可贵的财产——记忆。记忆给我们生命赐予意义和深度。

真正珍惜过去的人，不会悲叹旧日美好时光的逝去，因为藏于记忆中的时光永不流逝。死亡本身也无法消除一个记忆中的声音，或擦去一个记忆中的微笑。对已长大的那个男孩来说，那儿将有一湖水不会因时间和潮汐而改变，可以让他继续在阳光下享受安静时光。

感动微信

过去，是一幅迷人的画，勾勒出我们许多动人有趣的故事；过去，是一首婉转悠扬的短笛，奏出了我们纯洁美好的幻想；过去，是一束绚丽的茉莉，那时的欢笑像茉莉散发出的醉人的芳香，朵朵洁白的花瓣就仿佛是一件件回忆。过去是一家银行，我们将最可贵的财产——记忆珍藏其中。记忆赐予我们生命的意义和深度。“过去”已成为历史，那些真正珍惜过去的人，不会悲叹旧日美好时光的逝去，因为藏于记忆中的时光永不流逝。死亡本身无法止住一个记忆中的声音，或擦去一个记忆中的微笑。

（毕丽华）

心灵佳句

虽则渐入中年，又爱上了晚秋，以为秋天正是读读书、写写字的人的最惠节季，但对于江南的冬景，总觉得是可以抵得过北方夏夜的一种特殊情调，说得摩登些，便是一种明朗的情调。

人到了这一个境界，自然会得胸襟洒脱起来，终至于得失俱亡，死生不同了。

江南的冬景

郁达夫

凡在北国过过冬天的人，总都道围炉煮茗，或吃涮羊肉，剥花生米，饮白干的滋味。而有地炉、暖炕等设备的人家，不管它门外面是雪深几尺，或风大若雷，而躲在屋里过活的两三个月的生活，却是一年之中最有劲的一段蛰居异境；老年人不必说，就是顶喜欢活动的小孩子们，总也是个个在怀恋的，因为当这中间，有的萝卜、雅儿梨等水果的闲食，还有大年夜，正月初一，元宵等热闹的节期。

但在江南，可又不同；冬至过后，大江以南的树叶，也不至于脱尽。寒风——西北风——间或吹来，至多也不过冷了一日两日。到得灰云扫尽，落叶满街，晨霜白得像黑女脸上的脂粉似的。清早，太阳一上屋檐，鸟雀便又在吱叫，泥地里便又放出水蒸气来，老翁小孩就又可以上门前的隙地里去坐着曝背谈天，营屋外的生涯了；这一种江南的冬景，岂不也可爱得很么？

我生长江南，儿时所受的江南冬日的印象，铭刻特深；虽则渐入中年，又爱上了晚秋，以为秋天正是读读书、写写字的人的最惠节季，但对于江南的冬景，总觉得是可以抵得过北方夏夜的一种特殊情调，说得摩登些，便是一种明朗的情调。

我也曾到过闽粤，在那里过冬天，和暖原极和暖，有时候到了阴历的年边，说不定还不得不拿出纱衫来着；走过野人的篱落，更还看得见许多杂七杂八的秋花！一番阵雨雷鸣过后，凉冷一点；至多也只好换上一件夹衣，在闽粤之间，皮袍棉袄是绝对用不着的；这一种极南的气候异状，并不是我所说的江南的冬景，只能叫它作南国的长春，是春或秋的延长。

江南的地质丰腴而润泽，所以含得住热气，养得住植物；因而长江一带，芦花可以到冬至而不败，红时也有时候会保持得三个月以上的生命。像钱塘江两岸的乌桕树，则红叶落后，还有雪白的桕子着在枝头，一点一丛，用照相机照将出来，可以乱梅花之真。草色顶多成了赭色，根边总带点绿意，非但野火烧不尽，就是寒风也吹不倒的。若遇到风和日暖的午后，你一个人肯上冬郊去走走，则青天碧落之下，你不但感不到岁时的肃杀，并且还可以饱觉着一种莫名其妙的含蓄在那里的生气；“若是冬天来了，春天也总马上会来”的诗人的名句，只有在江南的山野里，最容易体会得出。

说起了寒郊的散步，实在是江南的冬日，所给予江南居住者的一种特异的恩惠；在北方的冰天雪地里生长的人，是终他的一生，也绝不会有享受这一种清福的机会的。我不知道德国的冬天，比起我们江浙来如何，但从许多作家的喜欢以Spaziergang一字来做他们的创造题目的一点看来，大约是德国南部地方，四季的变迁，总也和我们的江南差仿不多。譬如说十九世纪的那位乡土诗人洛在格罢，他用这一个“散步”做题目的文章尤其写得多，而所写的情形，却又是大半可以拿到中国江浙的山区地方来适用的。

江南河港交流，且又地滨大海，湖沼特多，故空气里时含水分；到得冬天，不时也会下着微雨，而这微雨寒村里的冬霖景象，又是一种说不出的悠闲境界。你试想想，秋收过后，河流边三五家人家会聚在一道的一个小村子里，门对长桥，窗临远阜，这中间又多是树枝槎丫的杂木树林；在这一幅冬日农村的图上，再洒上一层细得同粉也似的白雨，加上一层淡得几不成墨的背景，你说还够不够悠闲？若再要点景致进去，则门前可以泊一只乌篷小船，茅屋里可以添几个喧哗的酒客，天垂暮了，还可以加一味红黄，在茅屋窗中画上一圈暗示着灯光的月晕。人到了这一个境界，自然会得胸襟洒脱起来，终至于得失俱亡，死生不同了；我们总该还记得唐朝那位诗人做的“暮雨潇潇江上树”的一首绝句罢？诗人到此，连对绿林豪客都客气起来了，这不是江南冬景的迷人又是什么？

一提到雨，也就必然地要想到雪：“晚来天欲雪，能饮一杯无？”自然是江南日暮的雪景。“寒沙梅影路，微雪酒香村”，则雪月梅的冬宵三友，会合在一道，在调戏酒姑娘了。“柴门村犬吠，风雪夜归人”，是江南雪夜，更深人静后的景况。“前树深雪里，昨夜一枝开”又到了第二天的早晨，和狗一样喜欢弄雪的村童来报告村景了。诗人的诗句，也许不尽是在江南所写，而做这几句诗的诗人，也许不尽是江南人，但假了这几句诗来描写江南的雪景，岂不直截了当，比我这一枝愚劣的笔所写的散文更美丽得多？

有几年，在江南，在江南也许会没有雨没有雪地过一个冬，到了春间阴历的正月底或二月初再冷一冷下一点春雪的；去年（一九三四年）的冬天是如此，今年的冬天恐怕也不得不然，以节气推算起来，大约太冷的日子，将在一九三六年的二月尽头，最多也总不过是七八天的样子。像这样的冬天，乡下人叫作旱冬，对于麦的收成或者好些，但是人口却要受到损伤；旱得久了，白喉、流行性感冒等疾病自然容易上身，可是想恣意享受江南的冬景的人，在这一种冬天，倒只会得到快活一点，因为晴和的日子多了，上郊外去闲步逍遥的机会自然也多；日本人叫作Hi－king，德国人叫作Spaziergang狂者，所最欢迎的也就是这样的冬天。

窗外的天气晴朗得像晚秋一样：晴空的高爽，日光的洋溢，引诱得使你在房间里坐不住，空言不如实践，这一种无聊的杂文，我也不再想写下去了，还是拿起手杖，搁下纸笔，上湖上散散步罢！

感动微信

不同于北国冬日一味的寒冷，江南的冬日好像更多姿多彩一些！如同美丽的江南女子，在寒冷的冬日，虽然多了一些冷傲，但却更加令人迷恋了。

江南的冬景，有着特殊的情调。这种情调美，是从细细的江浙景色的描绘中流出来的。芦花冬至不败，红叶三月犹存；钱塘江岸，乌桕子在枝头，能乱梅花之真；而赭色的草，根边总带点绿意。这就是江南的“冬日”，不同于春的翠绿，夏的喧哗，秋的炎热，江南的“冬日”更多是“明朗”，让人忍不住想要走出去的冲动！

（吴优）

心灵佳句

这个世上，美丽的事物美好的人，总能让我们的心灵沉浸在一种美丽安详之中，人世间一切污浊与杂物都会在这里洗涤殆尽。

春有百花秋有月

张冬娇

川端康成说：“一朵花很美，那么我有时就会不由自主地自语道：要活下去！”

——题记

凌晨四点，早早入睡的川端康成在花香中醒来。蒙眬中，他发现插在花瓶里的海棠花还没有睡，正怒放着。他大吃一惊，这一分钟，正是因为他醒来，才巧合地看到美丽而盛放的花。而它不论你看到没有看到，都在那里吐露着幽雅的芬芳，伸展着娇嫩的花瓣。

那一刻，他凝视着海棠花，更觉得它美极了。于是他感叹道：

自然的美是无限的，而人感受美的能力是有限的。

美是邂逅所得，美是亲近所得。

可不是吗？不仅仅是未眠海棠花之美，这个世上，有许多许多的美我们是感受不到的。开在深谷里的幽兰，无人欣赏，默默地绽放，默默地飘香，默默地凋零；长在深山里的小草，无人关注，无言地点点呈现生命之绿……路边燃烧的木棉，天边染红的晚霞，耳边飘荡的音乐，又有多少人欣赏到了？就像今天晚上，你在灯下思念着这个人，外面呼啸的冷风夹杂着雨点敲着窗户，拍——拍——一下又一下，一声又一声，犹如敲在你的心坎里。你想着想着，心痛着，伤心欲绝，忍不住地呜咽不止。而这一切，他是无从知晓的。这段感情注定是要被辜负、被错过的。

而那有限的美，也只有在合适的时机，才会宿命般与我们邂逅。

这个冬天，天空中没有飘过一丝雪花，许多人在盼望与失望中怅然若失。然而有许多的美还是在某个时间里突然地出现，并迅速地占据着你的心扉。那些日子，每天中午放学后，弯过花池，进入球类中心，眼前的景象就会深深地感动你。阳光是如此的善解人意，从洁净澄碧的空中轻柔地洒下来，温暖包裹着篮球场乒乓球场上欢快的同学们，整个球类中心沉浸在融融的冬日里，呈现出一种纯粹的安静祥和氛围。于是，你禁不住坐在石凳上，细细品味这种细微而不可言喻的感动。

那些日子，每天去菜市场，都会看到这个皮肤黝黑的老汉，守着满满一担菊花菜。这种菜，外在整体形象像牙白，但叶面颜色更绿青，叶片皱得更厉害，拿在手里，摊开着像朵菊花。好鲜好嫩的菊花菜！一元钱就可以买下几大兜。这个雨水少的冬天是很难看到这么鲜嫩美丽的菊花菜的，也很难想象这样的美丽会出自眼前这位皮肤黝黑的老汉之手。旁边的一位大婶说，他很勤劳，每天挑水，从不间断。你买他的菜，多兜少兜也不和人计较。老汉听了，淳朴地微微笑了，眼角绽开着的皱纹也像菊花般，在旁人心中温暖地荡漾。

这个世上，美丽的事物美好的人，总能让我们的心灵沉浸在一种美丽安详之中，人世间一切污浊与杂物都会在这里洗涤殆尽。

一定是未眠的海棠花的美让川端康成身心愉悦莫名，一定是盛放的花儿让大师觉得生命之璀璨。他由衷地感叹道：“一朵花很美，那么我有时就会不由自主地自语道：要活下去！”虽然，大师最终还是走了一条不归路。

感动微信

美是心中的一种感觉，很多时候并不能用语言或文字来清晰地描述，而是需要我们用心去体验、去感受、去欣赏。井然有序、窗明几净的家很美，这是一种整洁的美，美得一尘不染；出淤泥而不染的夏日荷花很美，这是一种浑然天成的美，美得清秀而丰盈；父母日渐粗糙、衰老的双手很美，这是一种温馨的、伟大的美，美得暖人心田，美得感人肺腑。生活中不是缺少美，而是缺少发现美的眼睛。生活中的美充斥在各个角落，我们所要学会的，就是要发现美、欣赏美，去适时捕捉和品味生活中的美。哪怕只是一片落叶、一朵小花，只要用心，都能发现它们与众不同的美，都能带给我们最柔软的温暖。

（张倩）

心灵佳句

清风明月相伴，坐拥书城而乐在其中，该是人生的一大享受吧。

世间太多名利纷扰，让人不胜其累，甚厌其烦，书中却有如许清风天地，明月乾坤，走进夜的湖心，走进书的世界，别是一番胜境，怎不令人陶然忘机呢？

夜读之美

梅玉荣

每晚临睡前，我必偎坐床头，静读几页书，心凝形释，方能安然入眠。

一直比较执着于“捧书而读”的阅读方式。我也经常在网上广览美文，网上的无纸化阅读的确方便快捷，然而在我的潜意识中，又觉得这种方式有些缺憾：网上的文章美则美矣，却因高科技屏幕之隔，无意中给人一种莫名的排拒感。真正的书籍则不同，一册在手，首先动人心神的，是它厚重可触的质感，摩挲其封面，轻捻其内页，会因亲密接触而带来无尽的满足。翻动书页时，那清亮而妥帖的“哧啦”声，有如朋友的一声轻唤，那是心灵与书页的对话，是时间与空间的交融。然后，当你全心投入书中，定然忘却周遭世界，如莲步款款，渐入花丛中。

月夜静读颇有几分缥缈之感。读到心领神会时，身心放松如夜的坦然，如风的柔顺。此时，抬眼见弯月挂窗，心儿似乎也碎成无数瓣月光，叠映出纷涌而来的思绪，是心醉？是情痴？好像有淡淡的愁绪飘在心上，那些岁月悠悠、人生无常的感慨也便随之而来。月夜宜读诗词，读李白“月下飞天镜，云生结海楼”，想象那美妙的山水之景；读王安石的“春风又绿江南岸，明月何时照我还”，品味诗人不绝如缕的思乡之愁；读苏轼的“羡长江之无穷，抱明月而长终”，感悟他贬谪之后的豪迈与旷达……月，承载了太多的内涵与文化，在我静读之时，那一轮照过秦关汉塞的月儿，依然静穆如时光弥久。

有时会是雨夜。窗外雨声萧萧，这时静读，更添几分浪漫气息。此时宜读散文，特别是那种随心随意、率性自然的文章，别有一番体验。比如我细细地读着《绝版的周庄》：“周庄，我叫着你的名字，你比我想象的还要动人。我真想揽你入怀。只是扑向你的人太多太多，你有些猝不及防，你本来已习惯的清静与孤寂被打破了。我看得出来，你已经有些厌倦与无奈。周庄，我来晚了。”这样的文字直叩心扉，似乎心底里有一团软软的春泥，正在化开，化成一个朦胧而温柔的季节，盛放出芬芳而忧伤的花朵。“在一滴千年的古泪中，猜测遥远的故事，任谁也无力剥开岁月这斑斑锈锁，这一生，用一现而逝的美丽等你。”这是《琥珀》中的一段文字，秀美清新，执着坚守，讲述的是一个理想而凄伤的爱情故事……经了雨的熏染，这些文章也变得淋漓多姿，润泽如春水。

至于雪夜读书，更是难得的享受。也许是薄暮时分雪便飘了起来，一直飘飞到夜晚，当一切都静下来时，雪花也许还在悠悠飘洒呢。天气很冷，被窝此时是最好的安乐窝，一卷在手，颇感舒适，寒气都被挡在窗外，暖意与诗意却留在心中。这样的时刻，也读一些关于雪的文章吧。比如《湖心亭看雪》，想那张岱一般的痴人，如何在冷肃的西湖亭中看“湖上影子，惟长堤一痕、湖心亭一点与余舟一芥、舟中人两三粒而已”。那是一幅多么淡雅的水墨画啊，张岱有福呢。而毛泽东的《沁园春雪》中“千里冰封，万里雪飘”的盛景是那样的豪迈壮观，白居易笔下的“晚来天欲雪，能饮一杯无”则是何等的温馨场面？

经典的醇香常在深夜散发。静夜虽静，却可以听到金戈铁马的厮杀，听到情侣爱语的缠绵，花开花落的呓语，禾苗拔节的响声，岁月车轮的碾压。静夜读书，城市的喧嚣越来越远，心中的那个世界却正是春暖花开。那种天人合一的意境，恐怕也只有在真正的夜里才能达到吧。

“醉挽清风织帐幔，漫裁明月作天窗。”这是我曾写过的两句诗。清风明月相伴，坐拥书城而乐在其中，该是人生的一大享受吧。世间太多名利纷扰，让人不胜其累，甚厌其烦，书中却有如许清风天地，明月乾坤，走进夜的湖心，走进书的世界，别是一番胜境，怎不令人陶然忘机呢？

感动微信

你现在还读书吗？联合国教科文组织就曾公布一项调查，中国人现在很不爱读书了，很少有人再去读书了。越来越多的人选择无纸化阅读了，这固然是好，但，同时也暴露出一个问题，就是如何传承我们的文明。我们的国家之所以能传承几千年，就因为有些东西是经过时代检验的，是正确的，就好比，孔子的著作我们今天还在读，就是因为这些著作指引我们怎样去做人，怎样去做学问。

接受现代文明无可非议，但我们要学会去其糟粕，取其精华。同时我们也不能忘记祖宗留下的宝贵的财富。

（刘旭杰）

心灵佳句

当来自圣玛可大教堂顶楼的钟声在空中徐徐回荡时，一种难以言传的平静感就会透入你的灵魂，让你觉得整个身心都已溶化在那足以忘掉一切的安谧和静止之中了。

威尼斯之夜

[法国] 乔治·桑　风铃（译）

威尼斯蓝天的妩媚和夜空的美丽无法用语言描绘。在那明净的夜晚，湖面水平如镜，甚至星星的倒影也没有丝毫颤动。在湖心泛舟，四围一片宁静的蔚蓝，水天一色，使人如入甜美绮丽梦境一般；空气是那么澄澈、清明，举头而望，这儿的星星似乎比我们法兰西北部夜空中的星星多得多。我发现，由于夜空到处布满星辰，那深蓝色的夜都变得暗淡了，融入了一片星辉之中。

如果要领略这儿独有得清新和恬静，你可以在这迷人的夜晚到皇家花园附近，沿着大理石台阶一直往下，直到运河上。要是那里镀金的栅栏已经关上，你也可以乘坐一种唤作冈多拉的风格独特的威尼斯小艇缓缓荡去，到那尚存夕阳余温的石板小径旁，就不会再有人来打扰你的宁静了。晚风从椴树顶上轻轻拂过，把片片花瓣洒落在水面上，一阵阵天竺葵和三叶草淡淡芳香向你袭来。夜空中高高地耸立着圣玛利亚教堂那雪花石膏的圆顶和螺旋形的尖塔，周围的一切，包括威尼斯三绝碧水、蓝天和色调明丽的大理石，都被抹上了一层薄薄的银辉。当来自圣玛可大教堂顶楼的钟声在空中徐徐回荡时，一种难以言传的平静感就会透入你的灵魂，让你觉得整个身心都已溶化在那足以忘掉一切的安谧和静止之中了。

感动微信

威尼斯夜晚的美丽和安详让人沉迷，谁都想要留住这样的夜晚。

文章把我们带入了一个美丽的水城——威尼斯之中。在作者的妙笔下，水城威尼斯似乎变成了一个妙龄少女，浑身透露着温婉而恬静的气质。她有这清透的双眼，婀娜的身姿，和静谧人心的灵魂。

留恋一个城市，是因为留恋那里的一种感觉。城市也是有灵魂的，在某个时候会契合你内心的某种感受。所以，容易产生一种类似家的感觉。

（文科）

心灵佳句

云彩揭开或戴上它们的面纱，蔓延开去成为洁白的烟雾，散落成一团团轻盈的泡沫，或者在天空形成絮状的耀眼的长滩，看上去是那么轻盈、那么柔软和富于弹性，仿佛可以触摸似的。

在这蛮荒的原野，我们的灵魂乐于进入林海的深处，在瀑布深渊的上空翱翔，在湖畔和河边沉思，并且可以说独自站立在上帝面前。

美洲之夜

［法国］夏多布里昂　叶子（译）

有一个傍晚，我在离尼亚加拉瀑布不远的森林中迷路了；转眼间，太阳在我周围熄灭，我因而有机会欣赏了新大陆荒原美丽的夜景。

日落后的一小时，月亮在对面天空出现。夜空皇后从东方带来的馥郁微风好像她清新的气息率先到达林中，孤独的星辰冉冉升起。她时而宁静地继续驰骋她的蔚蓝，时而在有如皑皑白雪笼罩着的山巅的云彩上栖憩。云彩不住地揭开或戴上它们的面纱，蔓延开来成为洁白的烟雾，散落成一团团轻盈的泡沫，或者在天空形成絮状的耀眼长滩，看上去那么轻盈、那么柔软和富于弹性，仿佛可以伸手触摸似的。

地面上的情景也同样令人陶醉：天鹅绒般淡蓝色的月光泻进树林，把束束光芒投射到最深的黑暗之中。脚下流淌的小河有时消失在树木间，有时重又出现，夜空的群星辉映在河水中。对岸是一片草原上沉睡着如洗的月光；几棵稀疏的白桦在微风中摇曳，在这纹丝不动的光海里形成几处飘浮的影子的岛屿。如果没有树叶的坠落、乍起的阵风、灰林的哀鸣，周围本来是一个万籁俱寂的世界；远处不时传来尼亚加拉瀑布低沉的咆哮，那咆哮声在寂静的夜空越过重重荒原，最后湮灭在遥远的森林之中。

这幅图画的宏伟和令人惊悸的凄清是人类语言不能表达的，与欧洲最美的夜景毫无共同之点。试图在耕耘过的田野上扩展我们的想象是徒劳的，它不能超越四面的村庄；但在这蛮荒的原野，我们的灵魂乐于进入林海的深处，在瀑布深渊的上空翱翔，在湖畔和河边沉思，并且可以说独自站立在上帝面前。

感动微信

这是一幅宁谧而神秘的美洲之夜的夜景图。森林上方的夜空，孤独的星辰，轻盈柔和的云彩，散发出神奇的烟雾。淡蓝的月光照进树林，黝黑的森林多了一份光亮。

安静的森林吹过夜风，散落树叶，还有那独有的哀鸣，组成一幅令人惊悸的凄清森林夜景图。荒野之中的沉思，穿越森林，穿越时空，透视另一面人生。

（文科）

心灵佳句

不需要太多，只要那么一点点阳光就足够温暖她剩余的岁月。只要顽强地活着，阳光就不会弃她而去。

午后的阳光

闫玲月

林荫路蜿蜒而静谧，耳边除了鸟叫声就是沙沙的树叶声。阳光被枝丫分割成大小不一形状各异的光斑，投射在青砖铺就的路面上，冷漠中给人一份温暖，静止中含着一份跃动。

远处传来轻微的笃笃声，打破了原有的宁静。声音渐渐清晰，笃笃声里走来一个矮小佝偻的老妇人，拄着一根木拐杖，午后的阳光被她的木拐杖震落成斑斑点点，一只顽皮的小花猫在她身侧跳跃。老妇人走得很慢，小花猫玩得很欢，偶尔小花猫偏离林荫路，跑到一旁去扑蝴蝶，老妇人就停下缓慢的步子，等待小花猫玩够了再走。

望着老妇人远去的背影，我忽然有种感觉，那就是若干年后的我，行走在时光的隧道里，无欲无求，置身物外。她也有过滚烫的青春、美好的梦想、坎坷的际遇、操劳的一生。她哭过笑过吵过闹过累过病过，为了父母为了儿女为了丈夫为了一个完整的家。如今她老了，老得没有思考的能力没有抗争的欲望。她的生活只剩下林荫路上的零星阳光，不足以让她振奋，却让她感觉到生命的存在。不需要太多，只要那么一点点阳光就足够温暖她剩余的岁月。只要顽强地活着，阳光就不会弃她而去。

笃笃声渐远，咯咯笑声又跳荡在耳畔。不知何时，一个两三岁的小男孩闯进了我的视野，他在路面上来回跑着，用小脚踩着跳跃的光斑。忽然，光斑跳到了树干上，他伸出胖乎乎的两只小手去抓，却怎么也抓不到，急得要哭的时候，光斑又跳回到地面，他又高兴地紧追不舍。

光斑的制造者，小男孩的妈妈，手拿一面小圆镜，在对面幸福地微笑着，鼓励儿子：快，这里，看，在那边。好宝宝，你真棒！

这个午后，我被阳光包裹着，心中也盛满了阳光。

感动微信

我们如何幸福的活着，如午后的阳光一样。少年时，多一些父母的陪伴；青年时，多一些父母的唠叨；中年时，多一些家人的纷扰、孩子的喜悦；老年时，多一些无欲无求。我们便像每个午后的阳光一样平常，也会沾满午后阳光的温暖。

去采集一些欢乐，将别人的微笑收入自己的背包；去在田野里狂奔，把对自然的热爱写在脸上！和别人一同分享午后的阳光，去体悟生命的天真、美好和疯狂！做一个会追逐的孩子，做一个会陪伴的妈妈，做一个怜爱花猫的老人，不管怎样，热爱生活吧，它美丽且欢快不眠。

（许广贺）

心灵佳句

小街因此有了喘息，有了气色，有了神韵，有了人间，和默默的光明和关照了。

光明在穿过小街的一瞬，因为静止的灵魂永远无法到达光明的彼岸。

光明在穿过小街的一瞬

白 夜

若不是加班到深夜，回走在深冬的夜里，孑然而瑟缩的况味心情；若不是那夜风的冷峻，弥漫在空气中，情深意重地打在我的身上。我的内心深处便不会在走进那条小街时，就已陷入一种久违了的温暖和温情。

在我走进小街时，世界上所有的夜晚和世界上所有的时针，总会如我此刻的境遇，以瞬间的方式定格在凌晨零点的位置上。说起这条小街，它本是一条旧街。比正街窄许，较巷道宽余，总长不过三百米，街面因年久失修而路见不平，两侧梧桐遮日挡雨，但在我已往的生命里，它绝对是一条新街。因为夜深霜重，我抄了近路，才走上这条小街的。街道上已没有一个行人，街边的路灯眯着昏黄的眼睛，却力挺顽强，坚守着浓浓夜色，冷冷隆冬。任谁，心境自然不是很妙，又别样新颖。

抑或出于突然，同样以瞬间的方式映入我眼帘的，是在不远的前方，只有一家小店没有打烊，在亮着灯且光亮如炬。渐渐走近，但见店门上方，用灯箱做的招牌和招牌上的荧光字，一派华彩，不停地闪烁。店门到街边，距离不长，是一片空地，也被那招牌霓虹般的光彩渲染得光怪陆离。街边的梧桐树，离店门最近的那两棵，仿佛披上了一层迷彩的服装。这深浓的冬夜，这空寂的小街，因为这家店，便活灵活现起来了。小街因此有了喘息，有了气色，有了神韵，有了人间，和默默的光明和关照了。

我默默中穿过那条小街，如同我的灵魂瞬间滑过那家小店。当我回过头去，还是那片光明，令我不由感动至深，不禁浮想联翩。

一个人，一条街，一家店和一片光明。这，不就是人生的全部和真实写照吗？何况是人生百态无定数，人生长路多未知，当于自己心灵里亮起且不是一束，而是一派华光溢彩时，所产生的热度和能量，足可驱除你难耐的孤独和寂寞，支撑你心存感激，引领你穿越生命中每一个深夜到黎明，每一个春天到隆冬和每一段小街到人生。

光明在穿过小街的一瞬，因为静止的灵魂永远无法到达光明的彼岸。

感动微信

“小街因这家店而有了喘息，有了气色，有了神韵，有了人间”，其实，这不就是对人生的最好写照吗？在这茫茫宇宙里，因为有了你，这世界才有意义！这小街失了小店和小店的光明会是怎样的死气沉沉呀，正是有了小店和光明，才让“我”看到了小街别样的景致，感受到了小街暖暖的人间温情。

人生路上，太多难耐的孤独和寂寞，只有靠你我才能让这世界生出光彩！把“你的小店”开起来吧，让灯光推开黑暗，也让我带着你的温暖，驱除落寞，一直前行，相信前方的小街还会有别样的小店和光明吧！

（孟庆刚）

心灵佳句

爱美之心，固然是天性，但唯有爱是不够的。譬如一朵鲜花千百只手去抚爱，那花就遭殃了，哪怕每一只手都是皮白肉嫩的。

顿悟九寨沟

孔 明

我有一位同事，女，很美，也爱美，喜欢游山玩水。有一年秋天，她去了九寨沟，归来，说："九寨沟是一部童话。"她看见一脉清流，一汪清泉，就想涉足，不想一位藏族老人说："你不要踩水，你看那水多美！"她把自己的双脚看了又看，觉得皮白肉嫩的，也很美，怎么会踩脏了水？心里委屈，也只好走开。忽又见路边附近一坡花鲜艳，就伸出纤纤玉指，欲要抚摸，不想耳畔又传来一老妇人的声音："你不要摘那花，你看那花多美！"她急将手缩回，当即顿悟。爱美之心，固然是天性，但唯有爱是不够的。譬如一朵鲜花千百只手去抚爱，那花就遭殃了，哪怕每一只手都是皮白肉嫩的。

感动微信

生命中最美的情感是“爱”！这个世界最不缺少的就是爱：我们爱红花，我们爱绿树；我们爱老师，我们爱同学；我们爱亲人，我们爱朋友……正是因为有爱，我们的世界才如此多彩，正是因为有爱，我们的心才无比温暖。

生命中最可贵的情感是“敬”！敬就在我们身边：不忍碰落草尖的露珠，是敬；不愿踩到地上的落红，是敬；不高声喧哗，是敬；不奇装异服，是敬；问声“老师好”，是敬；顺从长辈的意愿，是敬……正是因为有敬，我们的世界才如此和谐，正是因为有爱，我们的心才无比真诚。

让我们在爱的同时，去尊敬我们所爱的美好的一切吧！

（李保义）

·惜一朵花，青春无悔

若不得不分离，
也要好好地说一声再见，
也要在心里存着感谢，
感谢她给了你一份记忆。

长大了之后，你才会知道，
在蓦然回首的一刹那，
没有怨恨的青春，才会了无遗憾，
如山冈上那静静的明月。

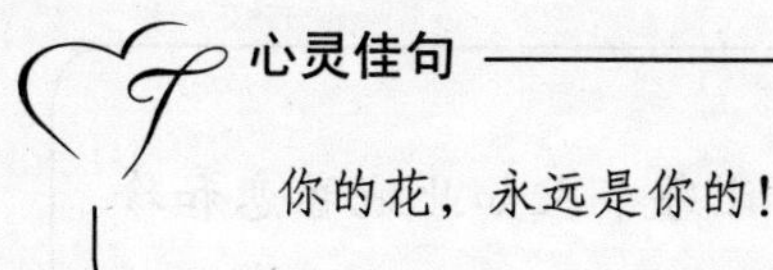

心灵佳句

你的花，永远是你的！

但愿我是，你的夏季

［美国］狄金森　夏至（译）

但愿我是，你的夏季，
当夏季的日子插翅飞去！
我依旧是你耳边的音乐，
当夜莺和黄鹂精疲力竭。
为你开花，我逃出墓地，
让我的花开得满山遍野！
请采撷我吧，秋牡丹，
你的花，永远是你的！

感动微信

爱情是多么美妙的事，让每个人如此地眷恋和珍爱！

夏天是让人感到清爽的季节，如火的热情和肆意放飞的爱让人迷恋。爱，就愿意为爱人付出一切，即便低到尘埃，也甘之如饴。想让爱情的每一天，都让爱人如沐夏风，身心舒畅地享受夏季蕴含的一切美好。即使为爱情引吭高歌的夏季已经过去，即使美好的恋爱季节无法避免地要走入“坟墓”，我也愿意为你继续开花，甚至逃出墓地。爱是永恒的，想要珍藏一辈子，想让它成为生命中最美好的记忆。

也许我们还不能体会真正的爱情，也许我们还不懂得如何地深爱，不明白甚至不相信永恒，但爱情的感觉永远像被风吹过的那个夏天，花香飘满了整个房间。也会有那么一天，遇见一个夏天，遇见一朵为你而开的花。请记得，如果爱，一定要珍惜。

（于一彤）

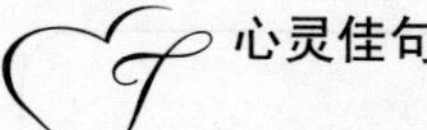

心灵佳句

我也许不会再见那笑的人/但我很感谢他笑的真好

一笑

胡　适

十几年前
一个人对我笑了一笑
我当时不懂得什么
只觉得他笑得很好
那个人后来不知怎样了
只是他那一笑还在
我不但忘不了他
还觉得他越久越可爱
我借他做了许多情诗
我替他想出种种境地
有的人读了伤心
有的人读了欢喜
欢喜也罢，伤心也罢
其实只是那一笑
我也许不会再见那笑的人
但我很感谢他笑的真好

感动微信

胡适的文章大家都很熟悉，但现代诗见的不多。

这首小诗，文字很简单，意思也简单，但需要你一遍一遍地读，读着读着，就感觉里面的有好多不浓也不淡的情愫，如涓涓细流一样往外流淌。能记住那十多年前的一笑是因为那笑不仅美丽，还有一见钟情的喜欢；借他（她）做了许多的情诗是因为始终放不下那深深的爱恋，但似乎这是一段并没有结果的爱情，所以，也就只能用淡淡的情意来写，可以那一笑里的爱太深，淡淡的诗句如何能抒发完那深深的爱恋呢，只好不停地写吧，有伤心、有哀愁，有回味……“有的人读了伤心/有的人读了欢喜”，读的人尚且如此，那写的人呢?

其实，在一千多年前的唐朝，有个叫崔护的人也有这样的句子：

去年今日此门中，
人面桃花相映红。
人面不知何处去，
桃花依旧笑春风。

这两首诗产生的年代不同，人不同，但感情却有相通之处。真是有趣呢。

（严文科）

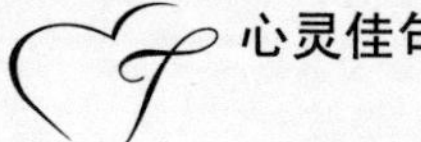

心灵佳句

你的容光留下了光明一闪，就像太阳在我心里光芒四射。

我见过你哭

［英国］拜伦　驰骋（译）

一

我看过你哭——一滴明亮的泪
涌上你蓝色的眼珠；
那时候，我心想，这岂不就是
一朵紫罗兰上垂着的露；
我看过你笑——蓝宝石的火焰
在你之前也不再闪烁；
呵，宝石的闪烁怎么比得上
你那灵眸一瞥的光芒。

二

仿佛是乌云从远方的太阳
得到浓厚而柔和的色彩，

即便是黄昏的暗影
也不能将它从天空赶开；
那微笑给我阴沉的脑中
倾注了纯洁的欢悦；
你的容光留下了光明一闪，
就像太阳在我心里光芒四射。

感动微信

一滴明亮的泪，仿佛一朵紫罗兰上垂着露；微笑，如蓝宝石的火焰；容光留下了光明一闪，恰似太阳在我心里放射。这是诗歌语言联想的魅力。而你的哭、你的笑留在我心中的深刻，仿佛是乌云从远方的太阳，得到浓厚而柔和的色彩，就是冉冉黄昏的暗影，也不能将它从天空逐开，这是想象的思维链接。

（刘秀霞）

心灵佳句

悄悄的我走了，正如我悄悄的来；我挥一挥衣袖，不带走一片云彩。

再别康桥

徐志摩

轻轻的我走了，正如我轻轻的来；
我轻轻地招手，作别西天的云彩。
那河畔的金柳，是夕阳中的新娘；
波光里的艳影，在我的心头荡漾。
软泥上的青荇，油油的在水底招摇；
在康河的柔波里，我甘心做一条水草！
那榆荫下的一潭，不是清泉，是天上虹；
揉碎在浮藻间，沉淀着彩虹似的梦。
寻梦？撑一支长篙，向青草更青处漫溯；
满载一船星辉，在星辉斑斓里放歌。
但我不能放歌，悄悄是别离的笙箫；
夏虫也为我沉默，沉默是今晚的康桥！
悄悄的我走了，正如我悄悄的来；
我挥一挥衣袖，不带走一片云彩。

感动微信

康桥，即英国著名的剑桥大学所在地，诗人曾游学于此。康桥时期是徐志摩一生的转折点。正是康河的水，开启了诗人的性灵，唤醒了久蛰在他心中的诗人的天命。因此他后来曾满怀深情地说："我的眼是康桥教我睁的，我的求知欲是康桥给我拨动的，我的自我意识是康桥给我胚胎的。"20世纪20年代的中国，追求个性解放和自由的诗人也曾怀着救国的理想，期盼一个民主自由的社会。然而理想与现实的格格不入让他屡屡受挫，曾经似"快乐的雪花"般的诗人，变成了"卑微"的"残苇"，发出了绝望的叹息。

理想的幻灭更激起诗人对往昔康桥岁月的回忆与珍惜，诗人以这样的心绪再次漫步康桥上，更生发了对母校的挚爱、依恋，以及淡淡的离情别绪。

然而，又能如何呢？梦幻着、渴求着，也不过是一曲放歌，然后挥一挥衣袖，潇洒离去。

（于一彤）

心灵佳句

再捻小了灯，强撑住万斤的眼皮，把心和耳朵连起，机警地听狗的动静。

村夜

臧克家

太阳刚落，
大人用恐怖的故事
把孩子关进了被窝，
（那个小心正梦想着
外面朦胧的树影
和无边的明月）
再捻小了灯，
强撑住万斤的眼皮，
把心和耳朵连起，
机警地听狗的动静。

感动微信

“柴门闻犬吠”，农村有的是生活，有的是意境。太阳，故事，被窝，树影，明月，小灯，眼皮，耳朵，狗叫，这首小诗，运用简单凝练的语言，鲜明的对比，描绘出了现实生活中的真实，艺术地再现了大人哄小孩子睡觉的情景。

当然，这不是现在，而是20世纪20年代，可以想象旧中国军阀混战、土匪横行的恐怖社会场景。“太阳刚落”，说明时间尚早，而大人们“把孩子关进被窝”“捻小了灯”“强撑住万斤眼皮”“心和耳朵连起”“听狗的动静”，这些特写镜头烘托出动乱年代的乡村，躲避战乱，害怕袭扰，随时防止灾祸降临的警觉气氛。

诗人对孩子在被窝的内心描画，“小灯”与“树影”，“明月”与“黑夜”形成鲜明的对比，既刻画出孩子心灵的美好世界，又反映出恐怖现实的暗无天日。

（王继德）

心灵佳句

人们在早晨乘船渡过那边去，肩上扛着犁头，去耕耘他们的远处的田。

黄昏的时候，长草顶着白花，邀月光在长草的波浪上浮游。

对　岸

［印度］泰戈尔　郑振铎（译）

我渴想到河的对岸去，

在那边，好些船只一行儿系在竹竿上；

人们在早晨乘船渡过那边去，肩上扛着犁头，去耕耘他们的远处的田；

在那边，牧人使他们鸣叫着的牛游泳到河旁的牧场去；

黄昏的时候，他们都回家了，只留下豺狼在这满长着野草的岛上哀叫。

妈妈，如果你不在意，我长大的时候，要做这渡船的船夫。

据说有好些古怪的池塘藏在这个高岸之后。

雨过去了，一群一群的野鹜飞到那里去，茂盛的芦苇在岸边四围生长，水鸟在那里生蛋；

竹鸡带着跳舞的尾巴，将它们细小的足印印在洁净的软泥上；

黄昏的时候，长草顶着白花，邀月光在长草的波浪上浮游。

妈妈，如果你不在意，我长大的时候，要做这渡船的船夫。

我要自此岸至彼岸，渡过来，渡过去，所有村中正在那儿沐浴的男孩女孩，都要诧异地望着我。

太阳升到中天，早晨变为正午了，我将跑到你那里去，说道：“妈妈，我饿了！”

一天完了，影子俯伏在树底下，我便要在黄昏中回家来。

我将永不同爸爸那样，离开你到城里去做事。

妈妈，如果你不在意，我长大的时候，要做这渡船的船夫。

感动微信

长着翅膀的天使，会唱歌的芭比娃娃，还有会飞的机器超人！每个人小时候都有属于自己的童年梦想。在孩子眼里，现实社会被赋予了更多的想象！折射了不一样的社会百态！

不一样的家庭和生活环境，孩子的心中便会有不同的梦想。耕田的农夫、茂盛的芦苇、跳舞的竹鸡、月光荡漾的长草，梦想着自己可以成为“渡船的船夫”，像妈妈一样到对岸劳作。

在这颗幼小的心灵里面充满了：对生活辛苦劳作的“妈妈”的感恩和对离家到城里工作的“爸爸”的不解。从孩子的眼中，我们仿佛看到了当时的社会现状。

（吴优）

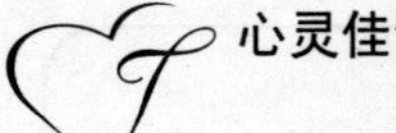

心灵佳句

在无际的草原上，如今路上都是陌生人。

把我的记忆都留在了，少年时代的河中。

怀旧

闻 兰

风一定是藏到远方去了
在无际的草原上
如今路上都是陌生人

不似那一年，山清水秀
我撑一叶小舟，听两河畔歌声
直到月亮从右边的山上路过

把我的记忆都留在了
少年时代的河中

感动微信

少年时代——人生最美好的时期，可当我们意识到它的美好时，它已离我们而去，生命之河无法倒流，无论我们怎样地刻意挽留，却抓不住一丝少年时的阳光了。

岁月的年轮无情地将我们推向社会——这个复杂的世界，我们渐渐成熟，没了棱角，少了纯真。我们在车水马龙的都市中，为了生活四处奔波，只在清冷寂静的月夜，回忆起那些少年轻狂的日子。

少年时代那些亲密的朋友，你们都在哪里，是否和我一样常常怀念，那时的山，那时的河，那时伙伴……

珍惜正在拥有的时光吧，待多年后回忆往昔时，浮现的是一段色彩斑斓的无悔时光。

（刘晓静）

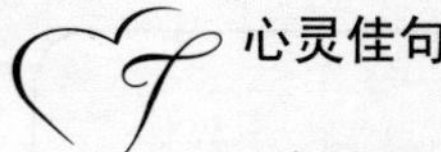

心灵佳句

我抬起头，但同时感到作为一个人的孤单。

风 吹

牟吉信

风吹静静的山坡
小红花，正和穿金戴银的姐妹们
说悄悄话。

弯下身子，我说：
“让我也加入到谈话中来吧。”

茫茫大草原，云层中
鸟在和鸣。

我抬起头，但同时感到
作为一个人的孤单。

感动微信

这是一首清丽淡雅的诗歌，静静的山坡，风轻轻吹着，小红花正在绽放，还有那些穿金戴银的、花枝招展的姐妹们，和这些美丽的花草一样，生动而自然。人与自然和谐相处，人与万物融为一体。草原广大，天高云白，鸟儿自由地歌唱，一切都是那样欢乐和明朗。纷繁而宁静的事物衬托出诗人的孤单。诗情画意的氛围中渗出淡淡的忧伤，然而，这一切都是多么美好。

（李雁彬）

第七辑

·你是上帝给我的最好礼物

我见到的一切细小的东西都不愿自行消亡。无数鲜活的瞬间登上我70岁的渡口，随即驶向了“无形”。只有几许懈怠的时日被我留住，留在了平庸的诗歌里；它们告诉后人一件不平常的事——我曾观赏过这些美妙的景象。

心灵佳句

这是一位伟大的父亲创造的奇迹，这架钢琴凝聚着远比音乐还要神奇而伟大的力量。

那是一位父亲让梦想开在手掌上的奇迹，它朴素而美丽的名字，叫父爱。

奇迹的名字叫父爱

崔修建

那是青葱的少年时代，极其偶然的一天，他从广播里听到了美妙的钢琴曲。就在那惊雷般的一瞬，他心中涌起了一个强烈的愿望——拥有一架钢琴，弹奏出震撼心灵的乐曲。

然而，直到20世纪60年代两个女儿出生后，家境始终清贫的他仍没有机会弹钢琴，拥有自己的一架钢琴那更是近乎天方夜谭的奢望了。但梦想的种子已经播下了，开花与结果的景象已经无数次地在他脑海浮现过。每一次，都像那首雄壮、激越的《命运交响曲》，重重地撞击着他不甘放弃的心灵。

他要让女儿从小就能在那黑白键上弹出清泉般的旋律。那年他25岁，上有老下有小，他每月的工资只有60元，而当时最便宜的一架钢琴也要1200元。于是，一个令人不可思议的想法，紧紧地攫住了他的心——没技术、没设备的他，决定要用手工为女儿做一架钢琴。

一架钢琴仅仅击弦机上便有8000多个零件，需要100多道繁杂的工序，从没有见过钢琴制作图纸的他，经常去文化馆、歌舞团，想方设法地偷偷描画钢琴的结构图。

接下来的困难更是令人难以想象，没有钱是一个大问题，物质高度匮乏的年代，购买很多今天看来极为日常的东西，都得凭票，而像钢材、铜丝这类的紧缺物质就更难搞到了。

他没有被难倒，困境逼迫他想出了种种“补救”的办法：用废旧自行车轮里的钢丝、日光灯镇流器里铜丝做琴弦，用家里的门条做琴架，用鞋带做连接击弦机的带子……为了早早地做出第一架钢琴，他起早贪黑地忙碌，用了一年多的时间，他硬是做出了一架有60个键的缩小版的简易钢琴。

当好听的音乐从木头键盘上流淌出来时，他和女儿都甜甜地笑了，尽管他的手掌上满是带血的伤痕。

这时，他没有满足于周围人们的敬佩，又开始琢磨靠纯手工做一架有88个键的标准钢琴。诸多无法想象的难题一个个地摆在他面前，依然缺少资金、缺少原材料，更为繁杂的工序和需要精细的零件加工，和时不我待的紧迫感，都在考验着他……累得眼花了，双手一次次受伤，最厉害时连骨头都露出来了。可他从未想到过放弃，他的心头一直回响着美丽的钢琴曲。

整整8年过去了，他的梦想最终如愿成真。带着厚厚茧花的十指抚过那排蕴藏动人旋律的琴键，他自豪地笑了，一如曾经翩翩的少年。

受他的感染，他的三个女儿钢琴演奏水平都很高。如今，大女儿在澳门从事钢琴教育工作，二女儿正留学日本，主修音乐。

他的名字叫王开罗。2008年6月，65岁的他将凝聚了自己无数心血的亲手制作的钢琴，捐赠给了深圳市博物馆。当人们打开琴盖，看到那庞杂、纷繁的结构时，无不由衷地赞叹他非同凡响的手工传奇。

一位音乐家抚摸着这架特别的钢琴，深情地说了一句——这是一位伟大的父亲创造的奇迹，这架钢琴凝聚着远比音乐还要神奇而伟大的力量。

没错，那是一位父亲让梦想开在手掌上的奇迹，它朴素而美丽的名字，叫父爱。

感动微信

就像圣诞老人一样，给予我们快乐，向我们展示奇迹的人，是我们的父母。

即使是在他们一无所有的时候，爱我们如生命的父母也会尽最大的努力让我们能拥有全世界。是父母用自己的汗水浇灌每个孩子的梦想之花，是父母用自己的肩膀扛下所有的责任重担。流淌在琴键上和生命里的旋律，是一首优美婉转的父爱之歌，不要忽视父母为我们所做的一点一滴的事，即使我们无法报答，也要时常心存一颗感恩的赤子之心。

（许翠翠）

心灵佳句

小时候，听惯了雨滴敲打瓦房的美丽曲子，或者急切，或者舒缓，或者轻悠，或者低沉，总是那么和谐流畅，音韵优美，余韵袅袅，觉得雨和瓦是那么亲切。

瓦房顶上的琴键

余继聪

总是很怀念那些土墙瓦房上的瓦，那些风雨、阳光、猫和小鸟手指脚趾下的瓦。但是瓦房越来越罕见了，乡村里人家富裕起来，首先想到的就是掀倒土墙瓦房，盖钢筋砖混结构的洋房，或者水泥浇灌屋顶，或者顶上盖高档波形瓦。

没有了鳞次栉比的瓦房，没有了鳞次栉比的屋顶瓦，没有了瓦房上那一排排起伏流畅的、大气无比的青灰色琴键，再灵巧聪慧的云、再灵巧聪慧的风、再灵巧聪慧的雨、再灵巧聪慧的阳光、再灵巧聪慧的仙子也无法弹奏出风雨阳光敲打屋瓦那么优美动人的天籁了。雨的手指、云的手指、阳光的手指、仙子的手指敲下来，哪里去寻找那一排排高高低低的瓦灰色琴键呢？她们的手指，必然在天空里犹犹豫豫，寻寻重寻寻。

小时候，听惯了雨滴敲打瓦房的美丽曲子，或者急切，或者舒缓，或者轻悠，或者低沉，总是那么和谐流畅，音韵优美，余韵袅袅，觉得雨和瓦是那么亲切。

慢慢的，是谁剥夺了我听这世间平平常常、但却已经罕见的美丽曲子的权利？我熟悉的那些指法娴熟、韵律柔曼的曲子藏到哪里去了呢？

突然之间，万籁寂静，只听到雨水从水泥屋顶上哗哗流下的声音，或者只听到雨滴咚咚敲打在防盗网顶铁皮上发出的刺耳声音，那么不和谐，那么叫人心惊胆战，不仅经常吓着我，也许还经常吓着伸出这雨点做手指的云姑娘或者什么仙子吧？她们本来是看中了瓦房这青灰色的古琴，现在却不得不退而求其次，很不情愿地敲击这造型难看、音色恶劣的洋玩意了，她们的心情一定像我一样不好。

瓦房顶上的瓦分为筒瓦和板瓦两种，盖瓦房的时候，冲筑好了土墙，架好柱子房梁，钉好鳞次栉比的椽子，先把宽大扁平的板瓦搭在两根椽子中间，一排排由屋脊上续接下来，一直到屋檐边。然后在椽子上扣筒瓦，也由屋脊上续接下来，一直扣到屋檐边。这样，板瓦下凹，筒瓦上突，筒瓦上的雨水就流到板瓦上，筒瓦是盖住椽子，而板瓦是接水和淌水的。水顺着一排排下凹的板瓦流下来，从屋檐叮叮咚咚落下来，或者哗哗流下来，好似穿梭织布，也如手指敲击琴键。

儿时在乡下老家，是可以日日听风雨或者阳光弹奏屋瓦的美丽天籁的。

小雨由远及近，或者由近及远，叮叮咚咚敲击瓦房，不急不慢，舒缓流畅，是很好听的，这样的天籁，适宜披着蓑衣，戴着斗笠，在屋檐下边听，或者在院子里忙碌时听。

大雨急切而来，如铁骑突出，刀枪莽撞，敲打得屋瓦欲裂，震震有声，应和着雷声阵阵，屋檐边雨水泻下如注，哗哗哗哗，各种声音发生共振，轰轰轰轰的连成一片，辨不出哪个音是弹奏者的衣袖在空中摩擦发出的，哪些是雨滴敲在屋瓦琴键上发出的声音，叫人心惊胆战。这样的曲子适合在晚上弹奏，应该躲到屋子里，夫妻孩子相拥衾被中欣赏，相依相偎，相互安慰，特别可能在雷声突然而至时吓着女人和孩子，他们就得抱紧老公和父亲。

雨可能忽而又细密如丝，若烟似雾，若有若无。这样的雨中，适合在火塘上、吊锅里熬煮腊肉和晒干的豆子，一边听着吊锅里吱吱啦啦的声音，一边看女人纳绱鞋子鞋垫，一边吹火煎茶，一边品味绵绵密密的雨声和雨敲击屋瓦的声音。

天晴的时候，金黄妩媚的阳光来弹奏屋瓦的声音更加美丽。这魅力来自于她的温柔妩媚和七彩绚丽。与雨比起来，阳光的魅力在于她的手肤色浪漫温馨，容易叫人心情开朗，心旌摇动，浮想联翩，意乱神迷。

散射着七色阳光的手臂手指是谁的呢？她一定是一个光芒四射、美丽无穷、豁达开朗的仙子。她的指头有温度，是很温柔的，她所弹奏的曲子也给人一种温柔的感觉，特别能安慰人心。

有风的时候，风不经过别人邀请，也主动来加入阳光或者雨的行列，一起弹奏一曲交响曲。风的指头无形，来无影，去无踪，只看得见她惊起的树叶草茎。她一到，雨或者阳光的指头都颤抖起来，她们或者是激动兴奋，或者是对风的不请自来、调皮捣蛋很生气。

有时，有咚咚的指头弹过屋瓦，是猫的脚步，它只有四只脚，只能弹奏屋瓦这个大琴房的局部，却有一种肉质的感觉，很有些性感，容易叫人想猜测它的性别，估计它是公猫还是母猫，是姑娘小伙子还是老头老太婆还是小孩子。

有时弹响屋瓦的好像是有翅膀的天使，原来是白色或者灰色的鸽子、麻雀、戴胜或者鹞子。

有时是摇曳在屋瓦上的柿子或者梨枝，无意中敲击在屋瓦上，好像是一个初学弹琴的孩子，总是在不嫌单调地重复敲击同一个琴键，或者东一下西一下毫无规律地胡乱敲击这高档的、琴键成排的巨大琴房。

百年老屋，上面会高高矮矮长着一些瓦花，一种针叶细小、但是花色还是很漂亮的小花，大概有一尺来高，这种瓦花只有百年老屋顶上有，我从来没有在地面上见过，禁不住美丽的诱惑，要想采摘它们，就只能爬上屋顶。大人怕我们踩坏了瓦难以修补，不允许我们上屋顶踩踏。我们只能趁大人都不在家的时候，偷偷爬上楼月台，然后再爬上前廊后厦，或者再爬上更高一台的正房屋顶，或者再爬上南北厢房顶上去采寻。西边不远对着一座山，为了早晨采光和傍晚不遮光，所以没有西厢房，在西厢房的位置只有一堵照壁，但是在照壁顶上瓦沟里摇曳着的瓦花却十分高大好看，可惜我们爬不上去采摘。无意中看见瓦沟里的瓦花美丽诱人，等到大人外出后，我们就急切爬上瓦房顶，或者脱掉鞋子，或者急切得不脱鞋子就爬上楼月台，小心翼翼地踩上屋顶，生怕踩裂了瓦，大人回来打骂。但是无论有多小心，还是会绊掉瓦片，发出咚咚声响，大人突然回家，不明白怎么回事情，待在瓦下边屋里的孩子赶快扯个谎说，可能是猫、老鼠或者鸟在弹奏屋瓦。

老院子里的柿子树和梨树都高过屋顶。秋天，柿子和梨都成熟了，红红的柿子和梨在风中摇曳，点着头，眨着眼睛，在逗引孩子们。这时的柿子和梨，也很像一个个神秘的指头，在敲击着我们小孩子的心弦。于是，我们又趁大人们外出，偷偷爬上屋瓦顶上去。突然，大人们又回来了，听见了屋瓦顶上咚咚的声音，正要出门往屋顶上看，在下边望风的孩子又赶快扯谎说，看见两只猫在屋顶上打架。大人马上咒骂开了："这该死的猫，绊破了瓦，修补不容易，雨季一来，屋子会漏雨的……”

有时爬上屋顶，只是为了掏瓦缝墙洞里的鸟窝，偷走鸟蛋或者小鸟。

唉，还是我们孩子无意中用脚趾头敲击屋瓦的声音诱人呢，这样的弹奏结束，我们往往就可以收获惊喜了呢。

除了风雨、阳光、鸟、猫和老鼠的指音足韵会常常在屋瓦上响起，还有一种小虫子的足音会窸窸窣窣传入耳鼓。此时往往已经夜深人静，躺在床上，即将入眠，不期然的听到窸窸窣窣声音从屋顶下凹的板瓦上传来，心里便烦躁恐惧，再也无法入睡。这小虫子叫壁虱和瓦虱，有时爬行生活于瓦屋内的板瓦下，有时又生活爬行于板壁上，所以有壁虱和瓦虱两个名字。它比蚕蛹大一点，黑色，好像有很多细足，像蚕和蜈蚣一样，样子十分丑陋，爬行的时候，足音应该是很小，难以听到，不过由于很恐惧它，所以我们觉得它是有足音的。可能是由于爬行时不小心，这种小虫子偶尔会落到床上，有时可能是误入人的床上，钻进人的被窝，突然蜇人一口，跟被柿子树上的青毛虫叮蜇着一样痛。它只生活于百年老屋的屋瓦和斑驳的板壁上。它的足音不属于乐曲，叫人厌恶。

小时候，晚上喜欢跟祖父母和外祖父母睡，他们都住在百年老屋里，屋顶上瓦花丛生，猫步鼠声、猫头鹰和乌鸦的可怕鸣叫声常常可闻，它们常常在屋顶打架。睡到半夜，突然被扎蛰而醒，痛得大叫，祖父母或者外祖父母往我身下一摸，往往摸到一条瓦虱，插亮火柴或者点上灯给我看。以后睡觉，就要反复搜寻屋顶板瓦上和板壁上有没有瓦虱，发现了就找一根长竹竿把它们戳掉下来踩死。

没有了鳞次栉比的瓦房，没有了鳞次栉比的屋顶瓦，没有了瓦房上那一排排起伏流畅的、大气无比的青灰色琴键，风和雨的指头、阳光的指头、猫和小鸟的手指脚趾如何弹奏我记忆中那熟悉的美丽曲子、那美丽的天籁呢？

感动微信

没有钢铁侠，没有洋娃娃的童年同样洋溢着幸福的气息，大自然就是最好的馈赠人，他觉得世界声音太单调了，就派来了风声雨声鸟啼蛙鸣；他觉得世界颜色太少了，就把太阳变成红色的，海变成蓝色的，雪变成白色的，世界就有声有色了，然后，他大笔一挥，把世界变成和谐的，让这些生灵各自寻找自己的位置。

大自然就像一位睿智的老人，他可以洞悉一切，人类也觉得自己是万物之灵，他们造起了高楼大厦，呵，可以与天并肩了；他们让夏天不再酷热，冬天不再寒冷，因为发明了空调……诚然，这样的人类住着倒是舒心了，可是与自然却越来越远了。

（梁凤美）

心灵佳句

在田里放羊，女儿在他的头顶上飞。他像是年轻了20岁，吹起了口哨。

燕去燕来

赵明宇

燕来三月三，燕走九月九。柳树刚发芽，存善就听到悦耳的鸟叫。抬头看，两只黑色的燕子在屋梁上筑巢呢。

燕子是吉祥鸟。存善心里一亮，脸上沟沟壑壑的皱纹舒展开来。存善顾不上放羊，也顾不上去田里了，笑眯眯地看小燕子衔回来一团团泥巴，忙着建设家园呢。存善说，休息一会儿吧，别累着。存善找来一把米，一碗水，让小燕子吃，让小燕子喝。小燕子顾不上存善，一会儿飞出去，一会儿飞进来。

存善60多岁了，没儿没女。老伴儿去世以后，他养了一只羊。如今，又有小燕子做伴，存善心里乐开了花。他把羊当作儿子，把小燕子当作女儿，有儿有女就不再孤单了。半夜里，存善醒来，听到燕子夫妻的呢喃，就把电灯拉着了，拿手电向房梁上照一照，微笑着，又翻身躺下。

女儿终于把巢筑好了，又衔来毛茸茸的枯草铺进去，就像一张软软的小床。好在房梁不是很高，有一次趁着女儿不在家，存善找来梯子，颤颤地爬上去，看到四枚麻色的蛋儿。存善可高兴了。存善知道女儿要做妈妈了。

在田里放羊，女儿在他的头顶上飞。他像是年轻了20岁，吹起了口哨。

放羊回家，一进门就听到女儿哭哭啼啼。存善看到新筑好的巢跌落在地上，蛋儿碎了，心里不由得咯噔一下。这肯定是老鼠干的！以前常常有老鼠在房梁上窜来窜去。存善气得一天没吃饭，到邻居家抱来一只猫。

第二天，女儿又开始衔泥筑巢了。一天一天又一天，又一个新的小巢筑成了，女儿喳喳叫，存善也有了笑脸。

田里玉米成熟的时候，存善听到头顶上有叽叽的叫声，原来是女儿孵出了四个孩子。存善一阵惊喜。女儿更忙活了，穿梭一样飞来飞去，衔着小虫子，给四个孩子嘴对嘴喂食。

“瘦了，瘦了。”存善发现女儿瘦了，禁不住一声长叹。再去放羊，手里多了一个小瓶子，捉几只蚂蚱，逮几个蜘蛛。回到家，小心翼翼地爬上梯子，喂到小燕子嘴里。四只小燕子伸着脑袋，张开金黄的小嘴儿争抢。存善心里像是灌了蜜：“别抢，别抢，都有份儿。”

眼看着到了九月九，天气说冷就冷了。存善早起放羊，身上穿了一件棉衣。嘎嘎的叫声掠过头顶，存善抬头看见一行大雁向南飞。存善想，女儿一家也该去南方过冬了。

和女儿分手，存善还真的依依不舍。

可是四个孩子还不会飞。女儿望着同伴们飞走了，急得不停地叫。

存善爱莫能助，为它们一家揪心。

一场冷空气，竟然下了霜。女儿一家冻得挤在一起，瑟瑟发抖。

存善睡不着，抱来柴火，在屋里点燃了，一宿一宿地烤，为女儿一家取暖。

孩子们没能躲得过这场过早到来的严寒。存善把四个小尸体埋到院子里。

存善跟女儿说，你们快走吧，到南方过冬吧。说话间，孰料一场大雪骤然而至，女儿已经张不开翅膀了。存善琢磨了几天，决定送女儿去南方。

存善卖掉了几袋子玉米，加上自己所有的积蓄才凑足去南方的路费。别看存善一大把年纪了，还没有出过远门，还是第一次坐火车。存善把女儿装进纸盒子，把纸盒子揣进怀里，上汽车、赶火车，一路颠簸直奔海南岛。

存善没有多余的钱，自己做了一些馒头带在身上，嚼了一路。自己吃，还从嘴里抠出一小撮塞进纸盒里。

从海南岛回来，望着空空的巢，存善的心里也空了。

冬天很快过去了。还不到三月三，草儿绿了，杏花也开了。存善忽然听到叽叽的叫声，一抬头，原来是女儿回来了，两只小燕子围着他，欢快地盘旋着。

感动微信

装满牵挂的地方才是家，哪怕是小小的燕子！在孤独的老人那里，燕子是老天给他的女儿，是老天给他最好的礼物。

孤独的花甲老人将屋檐筑巢的燕子视作自己的女儿，细心呵护，看着它们成长，拿出所有积蓄送燕子去南方过冬，这样一种情怀让人既感动又怜惜。没有儿女在身边的老人就好像是一根空心的老竹子，没有了希望。“时间都去哪儿了/还没好好感受年轻就老了/生儿养女一辈子/满脑子都是孩子哭了笑了……”燕子飞走了，来年还会回来，因为心中有着惦念。

我们也是父母心中的燕子，岁月流逝，总有一天我们也会离开父母，也会老去，但无论飞到哪里，请记得一定要回来！

（爱小溪）

心灵佳句

斯拉万月喷薄的旭日像一位爽朗的不速之客，簌簌的笑声在枝头荡漾。

风停雨止。青蓝的天空像被擦拭过一般。一勾纤细的弯月仿佛刚离开病榻，脸上挂着慵倦的笑意，在天宇漫步。

相　逢

［印度］泰戈尔　秋风（译）

雨，下了一夜。

一团团的黑云有如精疲力竭的逃兵，蜷缩于天际的一隅。

花园南端，曙光照射在柚子树波动的新叶上，树下的阴影似受到了惊吓。

斯拉万月喷薄的旭日像一位爽朗的不速之客，簌簌的笑声在枝头荡漾。

于是，沐浴在阳光中的情思，在邈远的心空飘游。

时光仿佛凝然不动。

下午，雷声突然隆隆响起，好似天际响起的号角。顷刻之间，云团迅即从倒卧的地方，膨胀着、呼啸着飞驰而来。被堤坝禁锢的池水变得黑黝黝的，榕树底下落下沉重的幽暗。远处的树叶唱起了雨前的鸣奏。

转眼间大雨滂沱，天空一片白茫茫的，地上变成汪洋。年老的林木甩动着蓬乱的发梢，像是戏耍的顽童。硕大的棕榈叶和翠竹的枝条，失去了一贯的端庄恬静。

不多久，风停雨止。青蓝的天空像被擦拭过一般。一勾纤细的弯月仿佛刚离开病榻，脸上挂着慵倦的笑意，在天宇漫步。

心儿告诉我，我所见到的一切细小的东西都不愿自行消亡。无数鲜活的瞬间登上我70岁的渡口，随即驶向了“无形”。只有几许懈怠的时日被我留在了平庸的诗歌里；它们告诉后人一件不平常的事——我曾观赏过这些美妙的景象。

感动微信

打雷下雨这样平凡的事件，在我们的生活中随时随处可遇，可是在诗人的心中，这些事件却是不平常的事！

只有张开臂膀，拥抱生命的人才会把人生的每一个瞬间活得那样富有诗意！也许，我们必须通过细微的观察，通过对世界万物永远保持新鲜的好奇，通过对自然和人生的细心品读才能丰富和开拓崭新的内心世界。在某种意义上说，活过，就是记下。记下一阵风、一场雨、一朵花、一次目光的对视，一次欣慰的谈心……

（李雁彬）

心灵佳句

这个世界，有污浊；但是，更多的是善良，是微笑，是关爱。

粗糙的微笑

余显斌

路，在车前延伸着，蜿蜒曲折，没有尽头。

路的两边，山上，已经泛出青嫩来。山崖上，沟坎里，冒出一嘟噜一嘟噜的花儿，红的白的，让人眼睛一亮。

前面，就是小河镇了。

大家的心，一下子提起来。

这儿，听说以前爱出小偷，甚至劫犯，上了车，逼着司机停车，然后，就抢人东西，抢完就跑。所以，大家都告诉司机，到了那儿别停车。

司机不说话，只是点点头。

但是，到了那儿，司机仍然停了车。

大家急了，吼叫起来："怎么的，开呀？"

司机生气了，一白眼睛道："开，你来开，能开过去吗？"大家一看，原来是一个汉子拦住了车，不是站在路边招手，是站在路中间。

大家没了劲，一个个叹口气，安静了下来。

那汉子上了车，是个络腮胡子，相貌很凶。大家悄悄瞥瞥眼，有的紧紧攥着衣兜，有的忙望向窗外。络腮胡东望望西望望，车子坐得满满的。一个妇女身边有空位，他想坐过去，可是，妇女把包放在座位上。

他看看，笑了笑，坐在司机前面的一个箱子上。

车动了，大家都不敢再睡了，小心翼翼的。

络腮胡坐在那儿，不说话，随着车一摇一晃的。

但是，大家很担心，生怕什么时候，他的嘴里突然蹦出两个字“停车”，然后亮出刀子。

这其中，我也很担心，我是去买家具的，身上带着两万块钱，这可是半年的工资呀。所以，我把包抱得更紧。心里，则暗暗宽慰自己，别多虑了，绝对不会这样的。

车子在山里继续穿行着，两边山崖上，鸟儿一声声鸣叫着，那叫声，露珠一样清脆，也露珠一样明亮。山里人家，不时地有人来去，门前，或开着桃花，一片如霞；或开着梨花，白的云朵一样。

可是，我再也没有心情赏景了。

车子走到一条交叉路时，突然，一声断喝，在车里回响起来，顿时，惊呆了大家。我，更是紧紧抱住了包。

因为我们分明从络腮胡嘴里听到一声“停车”的叫声。

司机傻住了，望着他，出于本能，“呜”的一声停住车。

我们都眼睛眨也不眨地望着络腮胡，眼光里漾满了惊慌。络腮胡对我们望也不望一眼，一跳，从车门下去，不一会儿，抱着一只小狗上来。

小狗显然受伤了，腿上流着血。

络腮胡嘀咕道：“谁呀，造孽呢？它大小也是一条命呢。”说着，轻轻抚摸着小狗凌乱的毛，粗糙的脸上，露出一丝微笑——很粗糙的微笑，可是，很善良。

原来，车子正走时，络腮胡看见，前面路上卧着一条小狗，来不及说清原因，就吼了一声。

听到解释，我们都松了一口气。

我，更是有些惭愧，有些感动。原来，心思的细腻和善良，与相貌毫无关系。而我们，竟常常爱把它们看成正比关系。

这个世界，有污浊；但是，更多的是善良，是微笑，是关爱。我们竟然让一点小小的污浊，遮蔽了对美的发现，对人性的信任。

这次旅途，我想，大概对一车人的心灵，都是一次很好的洗涤吧？

感动微信

也许是我们经常错估了这个世界吧！一次惊险的旅途，超出期待之外，甚至给我们惊喜的，是人性的善和美。

虽说人的第一印象很重要，而人的第一印象又往往见于他的外貌，但只凭一个人的相貌，便判定一个人的善恶，这是没有根据的。上帝也有自己的感情，他不喜欢一个人太完美，所以有的人，他有着宽宏大度的胸襟、善良温柔的品性、渊博宏大的知识，但就没有秀俊隽永的相貌。对待这些人，若你只凭第一印象便把他拒之门外，于他、于你甚至于这个社会都是不公平的。

粗糙的脸在看到小狗被自己救起后露出的粗糙的微笑，因为他的善良、他的心细、他的温柔而变得异常美丽，这种美丽让“我”心存愧疚，同时，也给了这个社会一次反思和启迪。

（范梦文）

心灵佳句

人与人之间就是这样，互相的帮助，互相的扶持，不需要感谢。

感　谢

欧阳冰云

下班回家的路上雨越下越大，城郊的柏油马路上积了薄薄的一层水，摩托车从上面划过，一种如履薄冰的感觉。深秋的傍晚很冷了，冷风嗖嗖地往人身上钻，路上行人很少，雨打在我的身上、脸上感到格外的冰凉。

最近，这条马路上经常出交通事故，想到这不由得心里害怕起来，尽管急着回家却不敢骑得太快。突然，前面一个熟悉的影子出现了，模糊的车灯下我们学校的校服依稀可辨。我加快油门，停在那个赶路的学生旁，小女生看到我不好意思地笑了笑，我猜想她一定是逃学出去玩。“教师综合征”马上表现出来：“哪个班的？叫什么名字？到哪去？”小女孩被我一问，支支吾吾的半天才吞吞吐吐地说：“我……我请假回……回家，我奶奶病了，家里只有奶奶一人在家……”我望着焦急的小女孩，对她说：“快上车吧，我带你一程，天要黑了。”小女孩赶紧的点头致谢，坐上了我的车。

路上，她告诉我，她的父母去南方打工了，弟弟在父母打工的城市上学，家里只剩下她和奶奶，平时都是奶奶照顾自己，今天打电话回去得知奶奶生病了，下了课就赶紧请假往家赶。原来是我误会了她。多好的孩子呀，幸亏我带了她一程，不然要错过一个知恩图报的亲情故事了。一个“空巢家庭”的留守孩子，她担当着家长和孩子双重的角色，不过12岁的她，每周都要回家帮助奶奶买米买菜，还要帮助奶奶做家务。奶奶常常夸她是家里的“顶梁柱”。

快临近城乡交界处时，我的助力车突然熄火了，忙下来踩了半天也没有反应。怎么办呢？我急得直跺脚。小姑娘在一旁安慰我不要急，再找找原因。可是我对于修车是外行，早上刚加过油，那还会有什么原因呢？我看着不听使唤的破车，心急如焚。对小女孩说：“你快回去吧，天都黑了。我自己想办法。”小女孩诚恳地说：“老师，我怎么能将你一个人留在半路上呢？来，我帮你推车，前面几米路就有修车铺的，我们去看看。”

就这样，这个我一天也没教过的小姑娘帮助了我，她居然爽朗地喊我老师。我扶车头，她在后面吃力的推车，幸亏遇到了她，不然我一个人真不知道如何是好。我感激地回头望着弓身推车的小女孩，大声对她说：“谢谢你！”小女孩抬起头，笑着说：“我应该谢谢你，你怎么反过来谢我了。这是我应该做的。”

修车的师傅很快排除了故障，我们又重新上路了。街上的街灯都亮了，雨也停了。小姑娘下车时笑着对我说：“老师，谢谢你。”我不好意思的摆摆手，和她再见。

人与人之间就是这样，互相的帮助，互相的扶持，不需要感谢。在我们漫长的一生中，我们要尽力去帮助需要帮助的人，这样在你有困难的时候，才会得到别人的帮助。我想，在雨中，在路上，如果再遇到需要帮助的人，我一定会去帮助他们，而且不需要感谢。

感动微信

突然我想到了“助人为乐”这个词，顾名思义，就是说把帮助别人当作一种快乐，这个词每天都会有人重复说千百遍，但真正做到的人又有多少呢？当我们接受了别人的帮助时，我们是否会真心地说一声“谢谢你”。想起春晚上表演的小品中的一个镜头：“兄弟，这么跟你说吧，哥原来是开宝马的，扶了三个老太太后，今天就只能骑这个了。”虽然看的人都笑了，但笑过之后，剩下的恐怕只有无奈。老人摔倒了没人扶了，车坏了没人帮忙了……这个社会怎么了，难道真的生病了，还是说真的人心不古了。其实，没有其他原因，只是因为人们心里少了一些坦诚，多了一分利害，真的希望我们有一天能对无助的人毫不犹豫地伸出援助之手，对于帮助我们的人真诚地说一声“谢谢你”。

（孟庆刚）

心灵佳句

累了就垫着蓑衣躺在地上，可以静听大地母亲腹中萌动生机，可以感受微风在耳边温柔喘息，可以听山花在风中脆生生的笑，可以抚树们亭亭玉立的腰身。

“君”与“羊”和谐相处，真正成为一“群”。与人相处，很多时候我觉得很不合群，很累；而把我自己放入羊群，放回山野大自然，我觉得我很合群。

牧心天地间

余继聪

真是幸甚，我的老家在山那边的乡村，每逢周末寒暑节假日，可以把疲惫的心放出去，在老家的山上，吹吹风晒晒太阳吃吃草。

回到老家，我就接替父亲去放羊。我爱去放羊。在城里每天都要费很多力气跟很多人说很多话，我太累了。我渴望可以不与人打交道的日子。

戴上一顶竹斗笠，挎上一件棕蓑衣，我把我的心和60几只羊一同放归山野大自然中去。

我很兴奋，四周的山间不见一个人影，我可以放任心情，信马由缰地在山林间游走。

我与头上的斗笠，身上的蓑衣，还有那60几只羊完全和谐地融入了大自然。我无需绞尽脑汁说话，无需教育它们什么能吃什么不能吃，也无需管它们吃什么。它们知道该吃什么，也能自己吃饱。

其实，在某些方面，羊不一定比人差。我的羊能够想法吃到高枝上的棠梨。所以放过羊的人都知道“羊上树”并不是稀奇的事。羊同样知道麻辣辣的花椒叶、苦涩涩的黄连枝不能吃。羊还能爬上人也难爬上去的悬崖绝壁。无论怎样千回百转的羊肠小道都适合羊走。

老父亲告诉我，放羊时挑选一个较高的山梁，所有的羊就可以尽收眼里。

热的时候，我就到高山顶上去吹风，或者到大树底下乘凉。可以与羊说说话，也可以与小草、树木说说话，也可以把心窝子里的话跟天空飘过的白云说说。也可以什么都不说，静静地看鹰在天空盘旋，看野鸡飞过山梁，看野兔跑过林间，看草木在茁壮成长。

累了就垫着蓑衣躺在地上，可以静听大地母亲腹中萌动生机，可以感受微风在耳边温柔喘息，可以听山花在风中脆生生的笑，可以抚树们亭亭玉立的腰身。渴了就喝饱一肚山泉水，然后就舒展开眉放放心心地睡大觉。睡醒后站到高处看看那只领头羊爬到了哪座山。

如果是我家羊群中的羊，它只会跟着领头羊。我在领头羊的脖子上挂了一个大铃铛，领头羊到了哪里，我和我其他的羊一听就知。

下雨的时候，羊们就只能各自寻地方避雨，不再听领头羊的呼唤和牧羊人的吆喝了。几十只羊一动不动地站在雨里，昂着头，不再吃草，刚开始放羊的时候，我认为它们是在听雨声。雨声唰唰，很有节奏感，很清脆悦耳。雨水泽润万物，像儿童欢快的吮奶声，似新妇幸福的低语。但是，羊却是在沐浴天之雨泽，洗去一身的尘垢和疲惫。

也有那么几只羊很调皮捣蛋，喜欢在我稍不注意的时候悄悄摸到田地边，偷吃麦苗豆秧，偷吃包谷稻穗。我也无需出声，只要抛过去一块小石头，羊们就会自觉地远离庄稼。

也会有那么几只带着小羊的母羊迷失群体的去向。刚开始的时候，我拿这些掉队的羊束手无策。慢慢地，我也学会了唤羊，可以慢慢地把它们唤归羊群。其实，也不一定非找它们唤它们不可，羊们不会迷失回家的路，傍晚时分，它们能准确回到家里。

我很感动，为了给我娶媳妇和买房子，父亲一大把年纪还买了这群羊来放牧。还是在生产队的时候，父亲就放过多年羊。羊不吃给它喂的稻草麦秸，因此牧羊人总是要冒着严寒酷暑，风雨无阻地上山。山羊不比水牛，山羊行动快，抽一袋烟的功夫，羊们就会爬过几个山头。因此父亲每天从早到晚得翻过几十座山梁，父亲的脸上过早地被岁月的风雨冲刷得千沟万壑，乌黑的发间过早地积起了岁月的雪花。但正因为牧羊，我的父亲身体一直很硬朗。

这个“群”字，我觉得很好。“君”与“羊”和谐相处，真正成为一“群”。与人相处，很多时候我觉得很不合群，很累；而把我自己放入羊群，放回山野大自然，我觉得我很合群。

感动微信

喜欢故乡闲暇的生活和时光，这里有亲情的味道，是我生命中最宝贵的秘密基地。

大自然孕育了人类生命，给予人类很多美好，就像一位母亲一样，默默奉献，美丽动人；到处放射着明媚的阳光，到处炫耀着五颜的色彩，到处飞扬着悦耳的鸟叫虫鸣，到处飘荡着令人陶醉的香气。到处是郊游踏青的人群，有老年人的慈爱满意，有年轻人的欢乐开怀，有孩子的天真笑容。这是绿的世界、花的海洋。

大自然恬淡、祥和，没有复杂虚伪的关系，一切都真真切切，与大自然相处自会觉得身心舒畅，似乎身体里的每个毛孔都努力张开去呼吸自然的甜美气息。如果人与人之间也似这般，那么这个世界将是多么美丽。放飞自己的心灵，让人与人之间简简单单，去掉那些钩心斗角，每一个人都活得潇潇洒洒。

（梁凤美）

心灵佳句

我每想起这件事心中总有一种愉快、满足之感。说来也怪，连最小的细节至今仍历历在目。我曾多次追忆这件事，而每次都能在记忆中的朦胧处想起一个新细节，这时，那种美妙温馨的快感就油然而生。

早　餐

［美国］斯坦贝克　春雨（译）

每当想起这件事，我心中总有一种愉快、满足之感。说来也怪，甚至连最小的细节至今仍历历在目。我曾多次追忆这件事，而每次都能在回忆的朦胧处想起一个新细节，这时，那种美妙温馨的快感就油然而生。

那是凌晨时分，东边的山峦仍是一片蓝黑色，但山背后却已微露晨曦，一抹淡淡的红色渲染着山峦的边缘。当这缕红色的光晕往高空移升时，它的色泽越变越冷、越淡、越暗，当它接近西边天际时，就逐渐和漆黑的夜空融为一体了。

天很冷，虽然算不得刺骨严寒但也冻得我缩肩拱背，拖曳着双足，把两手搓热后插进裤兜里。置身其中的这座山谷，泥土呈现出拂晓时特有的灰紫色。我沿着一条乡间土路前行，突然发现前方有一座颜色比泥土略淡的帐篷，帐篷旁橘红色的火苗在一只生锈的小铁炉的缝隙中闪烁。短而粗的“烟筒”中喷出灰色的浓烟，烟柱向上直直升起，好一会才在空中飘散。

火炉旁有位青年妇女，不，是位姑娘，她身穿一件褪色的布衣裙，外面罩着一件背心。我走近后才发现她那只弯曲着的胳膊正搂抱着一个婴儿，婴儿的头暖暖和和地包在背心里面，小嘴正在吮奶。这位母亲不停地转来转去，一会儿掀开锈迹斑斑的炉盖以加强通风，一会儿拉开烤箱的门，而那婴儿一直在吮奶。婴儿既不影响她干活，也没影响她转动时轻捷优美的姿态，因为她的每个动作都准确而娴熟。铁炉缝隙中透露出的橘红色的火苗把跳动着的黑影投映在帐篷上。

我走近时，一股煎咸肉和烤面包的香味扑鼻而来，我以为这是世界上最令人感到愉快和温暖的气味。这时，东边的天空已经亮起来，我走近火炉，伸出手去烤火，一触到暖气，全身立刻震颤一下。突然帐篷的门帘向上掀开，走出一个青年，后面跟着一位长者。他俩都穿着崭新的粗蓝布裤和钉着闪亮的铜纽扣的粗蓝布外套。两人长得十分相像，都是瘦长脸。

年轻的蓄着黑短髭，年长的蓄着花白短髭，两人的头部和脸部都是水淋淋的，头发上满是水，短髭上挂着水珠，面颊上闪着水光。他们默默地站在一起望着逐渐亮起来的东方，同时打了个哈欠，一同看着山边的亮处。他们一回身看见了我。

“早，”年长的那位说。他脸上表情既不太亲热也不太冷淡。

“早，先生。”我说。

“早。”年轻人说。

他们脸上的水渍还没完全干，两人一同来到火炉边烤手。

姑娘把脸避开人，聚精会神地干着手里的活。她那梳得平平整整的长发扎成一束垂在背后，干活时，发束随着她的动作来回甩动。她把几只马口铁水杯、几只铁盘和几份刀叉放在一只大包装箱上，然后从油锅里捞出煎好的咸肉片，放在一只平底大铁盘上，卷曲起来沙沙作响的咸肉片看上去又松又脆。她打开生锈的铁烤箱，取出一只正方形的盘子，盘子上面摆满发酵得松软的大面包。

热面包香气扑鼻，两位男人深深地吸了口气，年轻人低声说：“耶稣基督！”

年长的人回头对我说：“你吃过早饭吗？”

“没有。”

“那就跟我们一起吃吧。”

这就是邀请了，我同他们一块走到包装箱旁，围着箱子蹲在地上。年轻人问道：“你也去摘棉花吗？”

“不。”

“我们已经摘了12天了。”

姑娘从火炉那边说：“还领到了新衣服呢。”

两个男人低头瞧着新衣裤，一同笑了。

姑娘摆上那盘咸肉，大个的黑面包，一碗咸肉汁和一壶咖啡，然后自己也蹲在纸箱旁。婴儿的头部暖暖和和地包在背心里面，还在吮奶，我听见小嘴吮奶时的咂咂声。

我们都在自己的盘子上放满面包和咸肉，在面包上浇上肉汁，在咖啡杯里放了糖。那位年长的人把嘴填得满满的，细细咀嚼了很久才咽下去。于是他说：“全能的上帝，真好吃！”接着他又把嘴填满。

年轻人说：“我们吃了12天好的了。”

这时，每个人都在狼吞虎咽，把再次放在自己盘上的面包和咸肉又一下子吃得精光，一直吃得肚里饱饱的、身上暖暖的。热咖啡把咽喉烫得火辣，但我们把剩在杯底的咖啡连同渣子一块儿泼在地上后又把杯子斟满。

现在，阳光有了色彩，但这种发红的亮光反而使天空显得更加寒冷。那两个男人面对东方，晨曦把他们的脸照得闪闪发亮。我抬头望了一会儿，看见年长的人的眼球上映着一座山峦的影子和正要爬越过那座山峰的亮光。

两位男人把杯里的咖啡渣倒在地上，一同站起身。年长的人说：“该走了。”

年轻人转向我，说：“你要是愿意摘棉花，我们可以帮个忙。”

“不啦，我还得赶路。谢谢你们的早饭。”

年长的人摆了摆手，说：“不用谢，你来我们很高兴。”他们俩一同走了。东方的天际这时正燃起一片火红的朝霞，我独自顺着那条乡间土路继续向前走去。

事情就是这些，它之所以令人感到愉快是显而易见的，但它本身具有一种无与伦比的美，因此，我每次回忆时总有一股暖流袭上心头。

感动微信

世界并不缺乏美，只是缺乏欣赏的心情。如此普通的一个初冬早晨，因为面包和咖啡的聚会变得热情洋溢而愉快温暖。

快乐其实很简单，有时是拂面而过的春风，有时是夹在书里的一朵小花，有时是一份生日礼物，有时是简单却热情的一顿美味。我们在这些快乐里感受自己的心情，就像那冬日的早晨，带着冷气与落寞，我们像个机器奔波于工作和生活，已经很久没有收到生活的惊喜和馈赠。

这时的路上偶遇，就像一个惊喜等待我们接受欣赏，简单而美味的面包和煎肉伴着咖啡的热烈，已经迎来了朝阳的红霞，而他们的简单告别并不意味着忘记，这美好的早晨时光永远留在了心灵深处。

（李金光）

心灵佳句

凌晨4点的海棠花，应该说也是难能可贵的。如果说，一朵花很美，那么我有时就会不由地自语：要活下去！

花未眠

[日本] 川端康成　林荫（译）

我常常会不可思议地思考一些微不足道的问题。昨天一到热海的旅馆，旅馆的人拿来了与壁龛里的花不同的海棠花。我太累了，就早早入睡了。凌晨4点醒来，发现海棠花未眠。

发现花未眠，我大吃一惊。有葫芦花和夜来香，也有牵牛花和合欢花，这些花差不多都是昼夜绽放的。花在夜间是不眠的，这是众所周知的事，可我仿佛才明白过来。凌晨4点凝视海棠花，更觉得它美极了。它盛放，含着一种哀伤的美。

花未眠这众所周知的事，忽然成了新发现花的机缘。自然的美是无限的，人感受到的美却是有限的。正由于人感受美的能力是有限的，所以说人感受到的美是有限的，自然的美是无限的。至少人的一生中感受到的美是有限的，是很有限的，这是我的实际感受，也是我的感叹。人感受美的能力，既不是与时代同步前进，也不是伴随年龄而增长。凌晨4点的海棠花，应该说也是难能可贵的。如果说，一朵花很美，那么我有时就会不由地自语：要活下去！

画家雷诺阿说：“只要有点进步，那就是进一步接近死亡，多么凄惨哪。”他又说：“我相信我还在进步。”这是他临终的话。米开朗基罗临终的话也是：“事物好不容易如愿表现出来的时候，也就是死亡。”米开朗基罗享年89岁。我喜欢他的用石膏套制的脸型。

毋宁说，感受美的能力，发展到一定程度是比较容易的。单凭头脑想象是困难的。美是邂逅所得，是亲近所得。这是需要反复陶冶的。比如唯一一件的古代美术作品，成了美的启迪，成了美的开光，这种情况确是很多。所以说，一朵花也是好的。

凝视着壁龛里摆着的一朵插花，我心里想道：与这同样的花自然开放的时候，我会这样仔细凝视它吗？只搞了一朵花插入花瓶，摆在壁龛里，我才凝神注视它。不仅限于花。就说文学吧，今天的小说家如同今天的歌人一样，一般都不怎么认真观察自然。大概认真观察的机会很少吧。壁龛里插上一朵花，要再挂上一幅花的画。这画的美，不亚于真花的当然不多。在这种情况下，要是画作拙劣，那么真花就显得更加美。就算画中花很美，可真花的美仍然是很显眼的。然而，我们仔细观赏画中花，却不怎么留心欣赏真的花。

李迪、钱舜举也好，宗达、光琳、御舟以及古径也好，许多时候我们是从他们描绘的花画中领略到真花的美。不仅限于花。最近我在书桌上摆上两件小青铜像，一件是罗丹创作的《女人的手》，一件是玛伊约尔创作的《勒达像》。光这两件作品也能看出罗丹和玛伊约尔的风格是迥然不同的。从罗丹的作品中可以体味到各种的手势，从玛伊约尔的作品中则可以领略到女人的肌肤。他们观察之仔细，不禁让人惊讶。

我家的大狗产下的狗宝宝东倒西歪地迈步的时候，这只小狗的形象，吓了我一跳。因为它的形象和某种东西一模一样。我发觉原来它和宗达所画的小狗很相似。那是宗达水墨画中的一只在春草上的小狗的形象。我家喂养的是杂种狗，算不上什么好狗，但我深深理解宗达高尚的写实精神。

去年岁暮，我在京都观察晚霞，就觉得它同长次郎使用的红色一模一样。我以前曾看见过长次郎制造的称之为夕暮的名茶碗。这只茶碗的黄色带红釉子，的确是日本黄昏的天色，它渗透到我的心中。我是在京都仰望真正的天空才想起茶碗来的。观赏这只茶碗的时候，我不由地浮现出场本繁二郎的画来。那是一幅小画，画的是在荒原寂寞村庄的黄昏天空上，泛起破碎而蓬乱的十字形云彩。这的确是日本黄昏的天色，它渗入我的心。场本繁二郎画的霞彩，同长次郎制造的茶碗的颜色，都是日本色彩。在日暮时分的京都，我也想起了这幅画。于是，繁二郎的画、长次郎的茶碗和真正黄昏的天空，三者在我心中相互呼应，显得更美了。

那时候，我去本能寺拜谒浦卜玉堂的墓，归途正是黄昏。翌日，我去岚山观赏赖山阳刻的玉堂碑。由于是冬天，没有人到岚山来参观。可我却第一次发现了岚山的美。以前我也曾来过几次，作为一般的名胜，我没有很好地欣赏它的美。岚山总是美的，自然总是美的。不过，有时候，这种美只是某些人看到罢了。

我之发现花未眠，大概也是我独自住在旅馆里，凌晨4时就醒来的缘故吧。

感动微信

美是刹那间的发现，就像人的顿悟一样。发现花未眠，是一种缘分，也是一种惊喜。

自然之美是无限的，又总是存在的；而我们感受美的能力又是有限的，不常在的。

苏轼的《海棠》“东风袅袅泛崇光，香雾空蒙月转廊，只恐夜深花睡去，故烧高烛照红妆”告诉大家，无论我们如何去珍惜它都是不够的。但愿我们不要去留无意，任凭花开花谢，而要宠辱不惊，闲看云卷云舒。

正如张爱玲所说，“于千万年之中，时间无涯的荒野里，没有早一步，也没有晚一步，如果刚巧倾听到花开的声音，那我们就该去找寻自然与生命之美共时性存在。”本文文字质朴，却不乏一种静谧的美丽。结尾戛然而止，却意味深远。

珍惜生活中的每一个机缘，或许普通的刹那，就有我们没有体会到的美丽。

（文科创新）

心灵佳句

果然，第二天在楼梯口相遇打招呼时，老张终于看到了小李夫妇久违的笑容。

人际关系的和谐，不仅仅邻里之间的宽容和谅解，还需要我们每个人都做到以诚待人。

邻　居

汤延光

老张和小李两家是邻居，关系一直相处的很好。可自从小李父亲老李病逝后，不知为什么，两家关系却出现了莫名其妙的变化，老张觉得，小李两口子对自己明显不如从前那么热情了，就连互相打个照面也是面无表情的哼一声应付一下完事，老张心里别扭的不行，到底哪里得罪了小李两口子呢？

其实，老张比小李大不几岁，就因为老张和小李父亲在一个单位工作，小李父亲又是老张的老领导，所以懂事的小李夫妇自然称呼老张“伯伯”。看到老领导的儿子小李这么尊重自己，老张也觉得自己的身份提升了许多，这个提升不仅体现在老张被提拔为单位正股级职务，更主要的是彰显了老张和老李的私人关系非同一般。即使后来老领导退居“二线”了，老张仍然时常去老李家串门聊天，还是一如既往地帮李家做些零碎家务，甚至在小李两口子工作繁忙时主动承担起接送孩子上下学的任务，这些小李是心知肚明的。

如今老领导虽然不在了，但老张觉得对小李家的情谊依然如故，可为什么小李两口子的态度会发生这么大的变化呢？起初，老张以为小李的情绪低落是因为还没有从失去父亲的悲痛中走出来，但有几次他看到小李在和别人打招呼时总是乐呵呵地，情绪良好，唯有和他打招呼不冷不热的，没有了先前的热情劲儿，这让他百思不得其解。老张越想越觉得应该找个理由去小李家串个门，沟通一下思想，探究一下为什么。

这天，他敲开了小李家的门。

“明天我休班，要不，我帮你们接孩子去。”他一边说着一边对小李两口子察言观色。

“不用了，我们自己有空。”小李爱人抢先说了一句。

“你们上班挺紧的，就别提前接孩子了。”老张进一步要求。

“没事，我明天也不太忙，我自己接能行。”小李又插了一句。

“你看你们怎么这么不实在了，我哪里做得不好，做得不对，你们说出来，老这么别别扭扭的有什么意思呀！”老张有些激动。

“你想得多了，我们没事的，你有事就忙去吧。”小李还是不温不火地推辞。

“我知道，你们还没有从悲痛的情绪中走出来，我理解你们的心情，可你父亲也是我的老领导，在一起相处这么多年了，我和你们一样难过呀，你们知道吗？”老张激动得涨红了脸。

“不要说这些了，我们知道，我们也明白。”小李面无表情地应付着。

“你们听我说，在你父亲住院期间，我们经常谈的话题就是咱们两家的关系，尤其在他病危的那两天，他老人家谈得最多的就是，他走后，希望咱们两家互相帮助，当亲戚走，做最好的朋友，这不是我违心的听从老领导的话，也不是许什么诺言，说真的，别看你对我‘伯伯’相称，但是我对你从心底里已经成了好兄弟、好朋友了，这么长时间的接触，我最为感动的就是老人在职的时候，你没有小看我，还这么尊重我，从那时起我就想，以后我们不仅是好邻居，更是亲密无间的好朋友。”老张一口气把满腹感慨全都倒了出来。

“行了，张伯伯，你不用这么客气，这些我们会记住的。”小李爱人仍旧面无表情地说。

那天，老张也不知道怎么走出小李的家门，总觉得自己的一片诚意始终没有真正打动小李，无论如何也走不进对方的心里。那一夜，他失眠了，脑海里反复回放过去两家和谐相处的片段，老张更加迷惘和痛苦。

这时，电话铃声响了起来，老张抓起电话，对方传来同事老王的声音："老张啊，可坏了！"

“什么事呀，坏了？”老张一脸的纳闷。

“唉，都这么长时间了……”老王有点吞吞吐吐。

“什么事呀，快说呀。”老张催促道。

“你去市局开会那天，我们去老李家悼唁，你让我给老李家带的礼金，我给忘了随了，今天早起我才呼一下子想起来，你看这事……”老王不无遗憾地说。

“哎呀，你真是，让你办这么个事还……”老张责怪道。

“嗐，什么话别说了，都怨我那天……要不明天我给他家送去，说明一下情况。”老王既像自责，又像做自我批评。

“还明天？现在就去！”老张着急了。

“好，现在就去，行了不？”老王自知理亏，便顺从地说。

“你可一定说是你忘了呀。”老张一再强调是老王的过错。

老王应声挂断电话，老张这才松了一口气。沉思片刻，他似乎从小李夫妇的“冷漠”中找到了答案。

果然，第二天在楼梯口相遇打招呼时，老张终于看到了小李夫妇久违的笑容。

感动微信

人们都说，远亲不如近邻。现代的水泥砖瓦，在人与人之间也竖起了难以逾越的屏障。

很多现代人的邻里关系相处得并不圆满。很多人都像文中的主人公那样，因为各种不同的原因而莫名的陷入了“邻里冷漠”状态。但是，我们不禁要追问，这样操心费力、工于心计地以金钱维系起来的人际关系究竟牢靠不牢靠？人际关系的和谐，需要邻里之间的宽容和谅解，需要我们每个人都做到以诚待人。

多怀念小时候端着碗饭随便串门的日子呀！

如果我们每一个人都不拘小节，心量广大，以诚待人，以礼待人，那么水泥砖瓦就不再能够阻断我们，从而真正能体会到“近邻之情”和“近邻之美”。

（张楠）

心灵佳句

乡村的味道，是说不清道不明的，它是一种情思，是一种怀念，是一种想起来就让人流泪、让人唏嘘不已的情愫，更是在心灵疲惫或麻木时，一种温暖、慰藉心灵的感觉。

味 道

张光恒

有时候，当因生活而麻木的心之触角伸向遥远的记忆时，脑海里便会出现这样一幅场景：一条河流从村子中央流过，河水童话般清亮无比，连鱼儿的触须都看得清清楚楚，芳草萋萋，羊群雪白，少年的歌声穿越桑林，冲向云霄，村子周围的庄稼茂盛得近乎疯狂，这个时候，我的心里就会莫名其妙的温暖起来。

啊，故乡，童年的故乡，遥远的梦想，记忆总会有美好的东西纷至沓来，关于故乡的味道，四季中，不同的味道开始进入渴望的鼻腔。

春天来了，温暖的阳光活泼地照在村子上空，这个时候，乡亲们开始做春耕的准备了。整个村子，已经被或白或红的槐花包围，香丝丝的香气氤氲着村庄里的甜蜜气氛，空气里，流淌着美好的气息，周围的养蜂人，总愿跋山涉水，赶来这个小山村让蜜蜂采蜜，酿出的槐花蜜，油亮暗红，一扯一根线，质量好极了。嗡嗡嗡的蜜蜂，怒放的槐花，原来春天的故乡，是招蜂引蝶、流蜜溢香的季节。

夏天，庄稼恣意生长，整个田野，翻滚着着生命的旺盛，庄稼的味道，热烈生动，扑面而来。里面既有高粱火红的青涩米味，也有嫩玉米羞涩的甜丝味儿，更有大豆一碰就裂炸开的火爆豆腥味儿。所有的一切，混合成了一股生长着的浓烈的庄稼味儿。行走田间，风就会捧起庄稼的青腥味儿，往你鼻孔里送，这是春季粪肥的力量和老农的精心哺育发挥了作用，庄稼们排行站在地里，潇潇洒洒，吸收地气，慢慢积蓄着力气，等待秋后变化为五谷的香气，润泽人间。所以，夏天的村庄，是庄稼狂舞、青涩味浓的季节。

秋天到了，天高云淡，自有秋的独特味道飘散开来。民以食为天，这个季节，正是晒大酱的好时候，把发霉的馒头扔入盆中，加上盐，就可以放在墙头，不管不问，任意晾晒了。民间的经验无比珍贵，比方说，这大酱须得凌晨端出，让朝露露过，方才味道鲜美，果真，这样奶奶做的大酱，就比邻居家做的味道好。如果你在秋季的乡村走一遭，焦干喷香的庄稼秸秆堆在街道两旁，金黄的玉米在平楼顶上咧嘴而笑，各户晒在墙上的大酱，散发出阵阵酱香味，天上的云彩寡少而静止，白云苍狗，悠悠游走，乡人的慢生活，活出了生活的韵味，活出了生活的精彩，被大酱味包围住的乡村，是充满烟火气息的人间田园，是烟火味浓的季节。

冬天到了，乡村也开始猫冬，窖在土窖里的地瓜被取上来，丢在大铁锅里，炖上半个时辰，就有甜丝丝的地瓜香味，顺锅飘出来，这个得配上腌制的老咸菜，才能吃得喷香。那老咸菜，用五香调料，一层菜，一层粗盐，码好腌上一个冬天，就是绝好的下饭菜。所以，咸菜那种奇异的味道，代表了冬天乡村真正的味道。暖暖的冬之暖阳照着，上了年纪的老人，蹲在墙根处，手捧大海碗，夹一筷子老咸菜，喝着冒着热气地瓜稀饭，这是冬天乡村的味道，是地瓜稀粥老咸菜的农家乐生活的味道。

乡村的味道，是说不清道不明的，它是一种情思，是一种怀念，是一种想起来就让人流泪、让人唏嘘不已的情愫，更是在心灵疲惫或麻木时，一种温暖、慰藉心灵的感觉。不过这乡村的味道，现在正离我们远去，逐渐愈行愈远。

感动微信

乡村的味道是一段有温情的清澈时光，虽然离我们远去，但却是记忆中最甘甜的珍品。

乡村的味道，是春天里怒放的槐花的香味、是夏天里青涩的庄稼的香浓、是秋天里大酱缸里散发的香人的韵味、是冬天里地瓜粥老咸菜的农家甜韵……然而无奈的这些美好都变成了我们脑海中的回忆，每天面对着嘈杂的世界，心灵已经变得麻木，再也没有当初的那一份美好。

在社会经济水平飞速发展的今天，我们的物质生活有了很大的提升，但是却缺失了当初的淳朴与安逸，所以在工作之余，回味一下乡村的味道，感受一下当初的本真，不要让淳朴的味道与我们渐行渐远。

（叶德颜）

有人感慨生命太短暂，有人抱怨命运多艰难，有人虚度岁月，有人为了当官不惜卑躬屈膝，有人为了赚钱不择手段，也有人为了幸福而甘愿为房奴、车奴！

但职业乞丐杰夫却把每一天当作他人生里最有意义的一天，把每一件事当成他生活里最有意义的一件事。

他没有处心积虑地过自己的未来，但当有机会为他人服务，他一点也不吝啬；这个社会对于他来说，并没有给他更多的服务和机会，但他觉得已经足够了，当有机会保护公共财产或他人的安全，他也是一点也不吝啬。

他似乎对众人在乎的东西都不在乎，但他却实实在在地在乎全社会都在乎的。

正如他自己所说："我很感激自己能够生活在这样美好的世界里，我一生都在接受人们善意的关注和帮助，都在感受着爱的温暖，我也十分愿意为这个世界留下一些关切和温暖，只是我做得太少了，少得可能连上帝都看不到，但我还是衷心祝愿这个世界越来越美好……"

心灵佳句

钟晶的心软，是最伟大的心软，因为它的背后，不仅包含了善良，更包含了责任。

伟大的心软

沈青黎

她是一名80后女孩，自小在城市长大。大学毕业后，她进入贵阳市某医院就职。2008年，她的丈夫被派往贵州省黔西南布依族苗族自治州的龙河村工作。为了爱情，她主动放弃了优厚的工作，跟随丈夫来到了乡下，成为了一名乡村医生。

虽然有心理准备，但初到龙河村时，她还是被那里的贫瘠震惊了：卫生所的条件十分简陋，缺少药品、没有澡堂、时常停电，而且只有她一名医生。虽然对艰苦的环境颇为不适应，但为了陪伴丈夫，她还是决定留下来。

然而，让她没想到的是，不到两个月，她的丈夫就被调离了龙河村，转到了黔西南州委工作。丈夫要求她一同离开，而这一次，她却感到了内心的挣扎：短短两个月间，她目睹了许多村民被病痛折磨时求医无方的景象，也了解到了留守老人们怕生病、买不到药的困境。然而，她并不打算留下来，一想到丈夫走后自己就要一个人待在小小的卫生所里，熬过一个又一个停电的夜晚，她就感到恐惧。于是，她开始收拾行李，准备和丈夫一同离开。

她要离开的消息惊动了村民们，他们拖儿带女地涌向了卫生所，哭喊着想要留下她；有些村民甚至以为，是自己拖欠药费的行为导致了她的离开，于是三三两两地相约来到卫生所，送上了自己东挪西凑的零钱；而一位留守老人则哭着拉着她的手不肯放开，说闺女你不能走，你多待一天，我就能多活一天……

看到村民们的样子，心软的她再也迈不开脚步。于是，她和丈夫约定，要他先走，自己再留守一段时间。就这样，瘦弱的她独自留了下来，开始了自己的漫漫行医路。

为了改善卫生所的医疗条件，她掏钱购置了医疗器材，并实现了医疗垃圾的分类，建成了镇上最正规的卫生室。她每天7点准时开门营业，有时一天要接待上百个病人，忙得只能吃上一顿饭；她看病时收费极为低廉，还常为病人垫付医药费；遇上行动不便的病人，她就背上药箱上门问诊；因为身在基层，她无法陪伴女儿的成长，只能请婆婆帮忙抚养孩子，夜深时她常常想孩子想得泪流满面；此外，她还要自己种菜吃、自己挑水喝、站在旧木盆里洗澡……

就这样，她坚守了五年，其间家人和朋友们不止一次地劝她离开，她也打过无数次退堂鼓。可是，每一次看到自己的病人，她都会不由自主地心软，然后毫不犹豫地抛弃离开的念头。为此，朋友们常常在电话里嗔怪她说："你呀，吃亏就吃在太心软……"

"我吃点亏没什么，但乡亲们不能没地方看病呀……"她总是这样回答。

这位心软的女子，就是"中国青年五四奖章"的获得者、80后乡村女医生钟晶。她曾治愈过上千例农村患者，为病人们建立了几大本医疗档案。钟晶在颁奖仪式上说，自己常会心软，所以离不开乡亲们，也离不开龙河村。这句轻描淡写的话，让无数观众动容。

钟晶的心软，是最伟大的心软，因为它的背后，不仅包含了善良，更包含了责任。

感动微信

是生活珍惜她，还是她珍惜她生命里所遇到的？

有谁能够坚持做一件事情那么久，何况工作环境那样的艰苦；有谁能够为了别人放弃自己的人生道路，何况是素不相识的人。

在无数个孤独的黑夜，她忍受着煎熬，只是因为心软吗？那是因为她心中有爱呀，她爱着那些朴素的村民，爱着那朴素的村庄，爱着那片朴素的土地，爱着所有需要她的人哪！

她的工作那么平凡，她的事业却那么伟大。我们应该以她为榜样，做力所能及的事情，帮助那些需要帮助的人，带来温暖，带来感动，这样的一生不是才有意义吗？

（李红娜）

心灵佳句

你的美，不仅上帝看得到，爱的眼睛都看得到。

他不管是否有收获，收获有多少，常常是微笑着，知足地过着每一天，从没有听到他叹息过，更没有听到他抱怨过什么。

你的美，不只是上帝看得到

崔修建

2009年11月最后一个周末，在美国宾夕法尼亚州的莫克小镇，一场隆重的葬礼正在举行。从四面八方自发而来的人们排成了长长的送葬队伍，默默地为因心肌梗塞而死的杰夫森送行。也许有人会惊讶，杰夫森不过是一个有着30多年乞讨史的职业乞丐，他平生似乎并没有任何英雄壮举，可是，为什么那么多人都异口同声地说他是一个好人，说他的美上帝都看得到。

原来，失去了一只臂膀、靠乞讨为生的杰夫森，在他30多年的乞丐生涯中，还做了许许多多令人感念的事情，下面就是从中选取的一小部分：

他曾向消防部门报告了三处火险隐患，及时避免了可能发生的重大火灾。

他曾为一位截肢的青年无偿献血500cc，保证了那个手术的顺利进行。

他曾向遭受飓风的佛罗里达州的灾民捐献了2000美元，而那是他全部积蓄的三分之二。

他曾协助警方捣毁了一个贩毒窝点，并多次向警方提供重要的破案线索，被当地警察尊称为最值得信赖的“眼线”。

他曾花费一年多的时间多方奔走，终于帮助两个走失的儿童找到了亲人。

他每年春天都会蹲守在那条繁忙的公路边，悉心地照料那些需要穿越公路去繁殖的青蛙，尽力地帮助它们免遭往来车辆的伤害。他还先后收留过7只流浪猫和3只流浪狗，救助过受伤的猫头鹰和苍鹭。

他山间的简易小屋里，几乎所有的用具都是他从垃圾箱中捡来的。他平素生火做饭，都是从山上捡枯枝和树叶做烧材，从没有砍伐过山上的一棵树。他从不乱扔垃圾，没有用的废物，他会背着走上5里多的山路，送到镇上的垃圾回收站。

他是一个爱美的人，居住的小屋收拾得干干净净，屋前还种了好多的花，屋后栽了果树。他每次出门乞讨前，都要换上干净的衣裳，都要上上下下整饰一番，仿佛是去见尊贵的客人。

他不管是否有收获，收获有多少，常常是微笑着，知足地过着每一天，从没有听到他叹息过，更没有听到他抱怨过什么。

葬礼上，牧师阅读了杰夫森放在衣兜里的遗言：“我很感激自己能够生活在这样美好的世界里，我一生都在接受人们善意的关注和帮助，都在感受着爱的温暖，我也十分愿意为这个世界留下一些关切和温暖，只是我做得太少了，少得可能连上帝都看不到，但我还是衷心祝愿这个世界越来越美好……”

“杰夫森，你的美，不仅上帝看得到，世间无数眼睛都看得清清楚楚，不只是今天来为你送行的人们，还有许许多多的人，相信他们都会敬重你的美德，都会为你美丽的人生心存敬意。”牧师深情的话语，道出了世人共同的心声。

没错，杰夫森的美，不只是上帝看得到，爱的眼睛都看得到。

感动微信

有人感慨生命太短暂，有人抱怨命运多艰难，有人虚度岁月，有人为了当官不惜卑躬屈膝，有人为了赚钱不择手段，也有人为了幸福而甘愿为房奴、车奴！

但职业乞丐杰夫森却把每一天当作他人生里最有意义的一天，把每一件事当成他生活里最有意义的一件事。

他没有处心积虑地过自己的未来，但当有机会为他人服务，他一点也不吝啬；这个社会对于他来说，并没有给他更多的服务和机会，但他觉得已经足够了，当有机会保护公共财产或他人的安全，他也是一点也不吝啬。

他似乎对众人在乎的东西都不在乎，但他却实实在在地在乎全社会都在乎的。

正如他自己所说：“我很感激自己能够生活在这样美好的世界里，我一生都在接受人们善意的关注和帮助，都在感受着爱的温暖，我也十分愿意为这个世界留下一些关切和温暖，只是我做得太少了，少得可能连上帝都看不到，但我还是衷心祝愿这个世界越来越美好……”

（严文科）

心灵佳句

我从来不为成功的手术得意，也不为失败的手术伤心，我是不哭也不笑的。只有不哭不笑的眼科医生能做得长，也只有不哭不笑的眼睛看得清，使病人的眼睛能哭能笑。

只有不哭不笑的能撑得下去，只有不哭不笑的医生能救更多人。

多情却似总无情

刘墉

妻的眼睛不好，所以自从到美国，就常去看一位眼科名医。

每次从诊所出来，妻都要抱怨："看了他十几年，还好像不认识似的，从来没笑过，拉着一张扑克脸。"

有一天去餐馆，远远看见那位眼科医生，他居然在笑，还主动跟妻打招呼。妻开玩笑地说："真稀奇，我还以为你从来不会笑呢！"眼科医生笑得更大声了，突然又凑到妻耳边，小声地说："你想想，看病的时候我能笑吗？一笑，二颤，手一抖，激光枪没瞄准，麻烦就大了。"说完，又大笑了起来。

饭吃一半，那医生跑过来，举着杯敬妻。脸红红的，看来有几分醉了，话匣子打了开来。

"你知道在美国，自杀率最高的医生是哪一科吗？"他拍拍自己的胸脯，“是眼科医生！”停了几秒钟，他抬起红红的眼睛，“想想！揭开纱布，就是宣判。你为病人宣判，也为自己宣判。问题是，前一个手术才失败，下一个病人已经等着动刀，你能伤感吗？所以我从来不为成功的手术得意，也不为失败的手术伤心，我是不哭也不笑的。只有不哭不笑的眼科医生能做得长，也只有不哭不笑的眼睛看得清，使病人的眼睛能哭能笑。”

他这几句话留在我的脑海，有一天在演讲里提到，才下台，就有一位老先生过来找我。老先生已近80岁了，抗战时是军医，他拉着我的手，不断点着头说：“老弟呀，只有你亲身经历，才会相信。那时候，什么物资都缺，助理也没有，一大排伤兵等着动手术，抬上来，开刀，才开着，就死了。没人把尸首抬走，就往前一推，推下床去，换下一个伤兵上来。”

我把眼睛瞪大了。

“是呀！”老先生很平静，“死人可以等，活人等不及啊！有时候手术台前面堆了一堆尸体。救了不少，死了也不少。你能伤心吗？你有时间去哭去笑吗？所以，只有不哭不笑的能撑得下去，只有不哭不笑的医生能救更多人。”

感动微信

文中这位眼科医生珍惜的是患者的平安和健康，是作为眼科医生的职业道德。

悲悯、同情、爱心，这些被我们津津乐道的、认为凡是人都应该具有的情怀，常常在医生那儿得不到验证，好多时候人们都说："医生们见的多了，心就变硬了，见怪不怪！"尤其是在医患关系紧张的今天，人们对医德批评的多，除了医疗体制造成的原因，还夹带了对医生们缺乏悲悯、同情和爱心的不满。

但换个角度，单就从他们眼科医生的角度理解，看来他们的"冷漠"是有道理的，他们的"冷漠"是为了保证患者的健康和安全。

就如后面那位经历过抗战的老医生所言：死人等得及，活着的伤者等不及。作为医生，他们更珍惜解除活着的患者病痛的时间。

人与人之间的理解难，不同行业之间的理解更难，看来真是"理解万岁"呀！

（严文科）

心灵佳句

院子里种着一棵大白杨，昂然挺立。

王老师不就是一片落叶吗？一片闪耀着光辉的落叶，一片时刻想着发挥余生价值的落叶！

一片落叶的光辉

陈亦权

我是因为摄影才来到这片西北高原的。

那天，我攀爬穿梭于起伏的黄土丘陵中摄影，直到下午才发现自己竟然迷路了，身上带的水早已喝光，烈日炎炎，我又饿又喝，也不知走了多久，总算看到前面不远处零乱地散落着几个小村庄。

我像是在沙漠里看到绿洲一样往前冲去，村口有一座低矮的泥草房，院子里种着一棵大白杨，昂然挺立，院子的门框顶上钉着一个木板架，上面依稀写着“向阳小学”四个字，里面隐隐地传来了孩子们读书的声音。

这是我见过的最简陋的小学了。一棵白杨树，一口摇手水井，另一角则装着一只木单杠，靠墙靠着三两个滚圈子和皮球。一个七八十岁的老人从屋子里走出来，他举起一个小榔头，朝屋檐上挂着的一块厚铁板上“当当当”地敲了三五下，随后就有一二十个大小不一的孩子，一边喊着“下课喽”一边从教室里跑出来，看到我这个外来者，他们显得又警惕又好奇，傻愣愣地着看我。

我说明来意，老人把我请进了里屋休息，这是他的卧室和办公室。老人姓王，是这里唯一的老师，他一边给我倒凉茶，一边和我聊天，渐渐的，我开始知道了一些关于王老师和这所小学的故事：

王老师小时候随父亲从这里逃荒去了西安，他一有空就跑到学校窗外去听课，后来，老师居然让他免费去上学了。王老师学习非常用功，后来还成了一名光荣的人民教师。退休后，王老师就抽时间回到家乡看看，没想到半个多世纪过去了，这里的生活几乎没有任何改变，仅有的学校在十几里地之外，有不少孩子根本没书读。

没文化没知识，将来他们也只能复制祖辈们的生活。王老师就留了下来，凭着自己资深的从教经验，他东奔西跑地在县教育局里申请到了“办学资格”，并用村人们提供的一个废弃土地庙办起了这座“向阳小学”。15年过去了，他手下已经出了好几个大学生，大多数虽然只读了初中或小学，但有了这点文化底子，也就敢于跑到城里去打工创业了，比在这片黄泥地里刨食吃可要强上百倍!

王老师欣慰地告诉我，那些已经会赚钱的学生，有的给他送来了电风扇，有的送来了书柜，院子里那口井也是一个学生出钱安装的……

聊了一阵后，我起身告辞，王老师送我出来，告诉我怎么样可以搭到回县城的班车。

起风了，院子里的那棵白杨树“唰唰”地响着，偶尔会有一两片叶子随风飘落。“落红不是无情物，化作春泥更护花”，最终，它们将成为滋养这棵白杨树继续成长的养料。我突然觉得，王老师不就是一片落叶吗？一片闪耀着光辉的落叶，一片时刻想着发挥余生价值的落叶！从工作岗位上退下来以后，他继续滋养着一批批的孩子们成长和成才，让他们拥有更加美好的未来。

我不由自主地从钱包里掏出500元钱塞到王老师的手里，我说不出究竟为什么要这样做，我只是觉得这样的一片落叶，应该得到更多的尊重与帮助，而我，只是力所能及地表示一点心意，一点敬意，让这片落叶的养分更加充足……

感动微信

夕阳无限好，只是近黄昏。一抹落日的余晖，一棵挺立的白杨，一位敲响钟声的老人，一片随风飘落的树叶，组成了一道镜头下难以拍摄的风景画面。

王老师就是那棵白杨，七八十岁了还那样昂然挺立；王老师就是那片落叶，闪耀着光辉，发挥着价值。他退休后看到家乡孩子无书读，放弃城里舒适的生活，来小村无私办学，勤耕不辍15年，给孩子们插上了腾飞的翅膀，“手下已经出了好几个大学生”。

支撑王老师的是白杨般的精神，感动我们的是王老师的无私奉献。心底无私天地宽，在自我膨胀的市场喧嚣的当下，无私显得更为珍贵，更为伟岸。

（王继德）

心灵佳句

当你爱一个人，还是把这句话埋在心里吧，埋得很深，像埋一颗种子，只有它萌动了，它发芽了，它破土了，它伸出了绿叶了，才郑重地、轻轻地对他或她说出那句话：我——爱——你——

一句说不出口的话

余同友

伊朗导演阿巴斯拍过一部电影《樱桃的滋味》，电影里有一幕是导演要一个女孩说“我爱你”，这个女孩子是临时演员，前面台词都没有问题，每到要说那一句“我爱你”时，她就说不出来。导演说，你怎么搞的，你现在应该讲这句话。女孩说好，可是开拍后，镜头对着她，她还是说不出来，就这样重复了二十几次。那部电影很奇怪，没有耐心的观众大概看不下去，这个导演怎么会一直重复，那个女孩也一直重复，为什么一句简单的台词，她都说不出来？让导演简直是气疯了。

最后有人把导演叫到旁边说，这里的女孩子不可以跟男人讲这句话，因为她还没有结婚。虽然导演认为他是在拍电影，它并不是现实人生，可是对一个伊斯兰教信仰的女孩来说，她就是说不出口。

那个电影我一直没太看明白，然而，我一下子喜欢上了那个女孩。为了她的不通融，为了她含在心里将“我爱你”三个字看得贵过珠宝。这是一个流行表白的年代，流行表演的年代。人们将生活当作拍电影，“我爱你”一天可以对一个人说很多遍，也可以对很多人说很多遍，见面三分钟就可以出现一次，这三个字已经失去了它的崇高、庄严、神圣了，它甚至成了一个谈话的前缀或后缀，张口即来，完全失去了它本身应该具有的意义。

我曾经听我的婶婶说过她的爱情故事，她说，她跟叔叔恋爱三年，叔叔没说一个“爱”字，在信中都没有说，她以为叔叔不够爱她，结婚的那天，她满心期待着叔叔说对她说出那三个字，但叔叔还是没说。婚后第三天，婶婶因为要援疆，出差三个月，在她完成任务回来的那个晚上，当她打开家门，看见叔叔手里举着一张纸牌，上面写着几个大字：欢迎老婆归来，我爱你！婶婶当时就泪流满面，她偎在叔叔怀里问，你怎么不亲口告诉我？叔叔回答：说不出口！

影视作品里，歌曲碟带中，甚至在大街上的洒水车的音乐里，“我爱你”成了出现频率最高的一句话，它们铺天盖地而来，可是，真正的“爱”又有多少？爱，是不是已经成了稀缺的物质？

当你爱一个人，还是把这句话埋在心里吧，埋得很深，像埋一颗种子，只有它萌动了，它发芽了，它破土了，它伸出了绿叶了，才郑重地、轻轻地对他或她说出那句话：我——爱——你——

感动微信

因为过分地珍惜，所以不能轻易说出口。

爱，是人类社会最神圣的字眼。因为爱，哪怕世界再纷杂都会觉得温暖。有的人不愿意轻易把“我爱你”说出口，一如电影《樱桃的滋味》中的那个小女孩，不是她的心中没有爱，是爱在她的心中足够的神圣，神圣到要有一种仪式。有人把生活当作拍电影，走个过场便了事，你对生活如此，生活也会给你如此回馈。把爱藏在心中，真诚地对待她，在合适的时候说出来，做一个心中有爱的人。

（李娜）

心灵佳句

我给你关于你生命的诠释，关于你自己的理论，你的真实而惊人的存在。

我给你我的寂寞、我的黑暗、我心的饥渴；我试图用困惑、危险、失败来打动你。

我拿什么才能留住你?

［阿根廷］博尔赫斯　风铃（译）

我拿什么才能留住你?

我给你败瘦的街道、绝望的落日、荒郊的月亮。

我给你一个长久地仰望着孤月之人的悲哀。

我给你我已死去的祖辈，后人们用大理石祭奠的先魂：我父亲的父亲，阵亡于布宜诺斯艾利斯的边境，两颗子弹射穿了他的胸膛，死的时候蓄着胡子，尸体被士兵们用牛皮裹起；我母亲的祖父——那年才24岁——在秘鲁率领300人冲锋，如今都成了消失的马背上的亡魂。

我给你我的书中所能蕴含的一切悟力，以及我生活中所能有的男子气概和幽默。

我给你一个从未有过信仰的人的忠诚。

我给你我设法保全的我自己的核心——不营字造句，不和梦交易，不被时间、欢乐和逆境触动的核心。

我给你早在你出生前多年的一个傍晚看到的一朵黄玫瑰的记忆。

我给你关于你生命的诠释，关于你自己的理论，你的真实而惊人的存在。

我给你我的寂寞、我的黑暗、我心的饥渴；我试图用困惑、危险、失败来打动你。

感动微信

对于爱的理解我们看到的、感觉到的是简单而又质朴的，没有太多的装饰和华丽的辞藻，也没有壮丽如歌的豪迈与奔放，像是在恋人的耳边轻轻的絮语，又像是一个人在自言自语。

爱，就愿把自己宝贵的一切，心甘情愿的交给恋人，把恋人的幸福当作自己的幸福，把鲜花奉献给她，把棘刺留给自己，斯韦登伯格说过的“爱情存在于奉献的欲望之中，并把情人的快乐视作自己的快乐”就是这个道理。

这是一份什么样的珍惜呀！

（吴杰）

心灵佳句

只见三个孩子哆嗦着站在车灯前，通红的脸上都流着眼泪，分不清的汗水、泪水和雾水，将发梢一缕缕贴在前额，六只小泥脚极力踮起，三双泪眼同向车厢里找寻。

车，终于还是前行了。男人牵着儿女们，跟在送行的人群中。他们都在极力远望，而眼前却只剩下无法挥去的团团迷雾。

送 行

刘永飞

灯亮了，光柔柔的。

女人轻身下床，开始谨慎收拾着行李。

这时，10岁的女儿醒来，从被窝里坐起，神情木然地看她忙碌。

女人看女儿一眼，没言语，手有些犹豫。少顷，她抬头看看墙上的座钟，又匆匆忙碌起来。男人静静立于一旁，凝视女人的一举一动，女人装好的行李，他一件件放到院子里的三轮车上。

渐渐，她速度慢了，最后停下来，走向床沿，用手梳拢着女儿凌乱的头发说："乖，在家照顾好弟弟妹妹，听奶奶话。"

胸口像被棉絮样的东西堵住，为抑制眼泪，女人转身给儿子掖被角。

“妈妈走啦。”女人声音很低，她不敢说下去，怕走不出这座院子。女儿没言语，目光呆呆地移向墙角。

“妈——”

女人转身一刹那，儿子在被窝里哭喊出声来。

“儿子乖，听话啊，妈回来给你买新书包，买……”

“我不要书包，我要妈妈，我要妈妈——”儿子掀开棉被，光着身子坐起，哽噎着，胸口极度起伏，一脸的眼泪和鼻涕。

女人抹着儿子的脸，望望熟睡的小女儿，忽然转身快步走出房门，逃离小院。身后，任凭他们哭作一团。此时，小女儿醒来，要找妈妈。姐姐说，妈妈走啦！小女儿也跟着哭起来。

“妈妈骗我，妈妈骗我。她说好不走的，我不要妈妈啦……”

村外，晨雾悄悄涌起，淹没了稀疏的寒星。此时，两个身影默默前行，男人用力蹬着三轮车，女人弓腰，在满是泥泞的土路上帮推。他们正赶向五里外的柏油马路。

“腰不好，别老加班。”男人说。

“嗯。”女人回答。

“工棚潮，你上班后经常晒晒被子。”女人说。

“嗯。”男人回答。

雾越来越浓，最后吞噬了村庄，以及身后的整个世界。

五里路很短。厂方的汽车已在路口等候。车下围满送行的人。

男人低头把行李递给女人，没一句话。女人接过行李，无语。

“哎——这谁家小孩？”

司机一句话，众人看去。只见三个孩子哆嗦着站在车灯前，通红的脸上都流着眼泪，分不清的汗水、泪水和雾水，将发梢一缕缕贴在前额，六只小泥脚极力踮起，三双泪眼同向车厢里找寻。

车上，女人惊叫出声，冲下车，紧搂住三个湿漉漉的儿女，号啕大哭。一车人黯然。

车，终于还是前行了。男人牵着儿女们，跟在送行的人群中。他们都在极力远望，而眼前却只剩下无法挥去的团团迷雾。

感动微信

离别送行的场面总是令人伤感的，而幼小的儿女哭着送别远行务工母亲的场面更是残忍的。然而，这种残忍的场面在偏远落后的农村地区不断上演。有什么比一家人生活在一起更幸福的呢？但迫于生计，年轻的母亲必须背井离乡，艰苦地工作，幼小的孩子必须早早地学会忍耐，独立自强，在天真烂漫的年纪经历他们本不该经历的痛苦与相思。

孩子对母亲的依恋总是激起心底最柔软的地方，然而生活总是如此无奈、心酸！有什么能够弥补这份亲情的缺失？

为了给我们创造更好的物质生活条件，父母们背井离乡，扛起生活的艰辛，分离的痛楚不只是孩子有，父母也同样撕心裂肺。当我们享受着无忧无虑不必为生活发愁的日子时，当我们大手大脚花钱时，也许应该想到，这些都是父母亲用无数个辛劳的日子和无数滴伤心的泪水换来的。

（纪瑞瑞）

心灵佳句

虽然只有一个人，但她并不感到委屈，对丈夫也没有什么抱怨情绪，她说，虽然不能与最爱的人一起度过人生中最美的时刻是一种遗憾，但她却愿意将这种遗憾理解为一种祝福，希望雅安人们在这份祝福中坚强起来，也希望自己和丈夫的感情因为这份祝福而历久弥坚。

一个人的婚礼

张　琦

陈静曾是一名英姿飒爽的女兵，在部队一直表现得非常出色，还曾参加过1999年的国庆阅兵仪式。2000年的时候，她在部队里认识了卓佳，彼此间很快就产生了好感。但因为部队纪律不允许军人服役期间在驻地谈恋爱，加上两人都还比较年轻，双方都没有吐露内心的好感，而是一直通过书信保持联系。直到2006年陈静退役之后，卓佳才鼓足勇气对其表白。不久后，两人就确定了恋爱关系，成为了一对令人羡慕的情侣。

恋爱7年以来，卓佳与陈静的感情一直非常稳固，双方的家庭也多次催促两人早点举办婚礼。但因为卓佳一直有公务在身，经常被派往前线执行任务，他们的婚期被一再后延。转眼间五六年过去了，两人也都到了30出头的年纪，双方的家长都十分着急，不断劝两人快点结婚生子。于是两人商定在2013年春天举行婚礼。

2013年4月份，卓佳特意向部队申请了一段时间的假期，回家与陈静共同筹备婚礼。卓佳一直对女友心存愧疚，觉得如果不是因为自己太忙，她也不必拖到三十几岁才结婚。因此他下决心要给她一个最浪漫的婚礼。于是两人约定，不管发生了什么情况，都不会再将婚礼延期了。

经过商议，两人将举办婚礼的日子订在了4月21日，然后便开始匆匆忙忙地订酒店、试婚纱，给亲友们发请帖。虽然婚礼迫近，准备起来有些临阵磨枪的感觉，但他们却非常享受这段忙乱的时光，因为相恋7年间，两人相处的日子并不多。在他们看来，能跟自己所爱的人朝夕相处，就算再忙再累也是值得的。

婚礼的前一天，两人起了个大早，然后一起去影楼取婚纱照。正当他们沉浸在欣赏婚纱照的甜蜜中时，卓佳的手机突然响了。接完电话，他的脸色一下子变得严肃起来，旋即陷入了长久的沉默。经过陈静的再三追问，卓佳才艰难地吐出了一句话："雅安发生了地震，部队打电话要我立刻归队待命，准备参加抗震救灾工作。"

听了卓佳的话，陈静怔了一下，然后马上催促他："那你快去呀！"等卓佳走后，陈静却又陷入了内心的挣扎，不知道要不要取消婚礼：酒店已经订好了，亲友也通知了，不少人还是从外地赶来的，临时宣布取消婚礼仿佛不太合适，但婚礼不取消的话，新郎又无法按时出席……正在踌躇间，她突然想到了两人的约定：不管发生了什么情况都不将婚礼延期，于是她的心里有了答案。

第二天一早，在成都某酒店的门外，出现了一位身穿红礼服迎宾的姑娘，她笑吟吟地将宾客迎入酒店，然后忙着给他们分发喜糖和香烟。中午12时，结婚典礼在音乐声中开始了，姑娘在父亲的搀扶下走完了红毯，自己为自己戴上婚戒并读完了爱的宣言，然后又按部就班地为公婆敬茶，并频频举杯向亲友们劝酒，十二分地殷勤周到。

走完了必要的环节，陈静特意打了一个电话给丈夫，告诉他婚礼开始了。卓佳特意叮嘱妻子，一定要把亲友们招待好。听见丈夫的声音，她的眼泪不自觉地涌了出来。但她很快就擦干了泪水，开始带着微笑招待宾客。

就这样，陈静含笑在亲友们的祝福声中完成了婚礼。虽然只有一个人，但她并不感到委屈，对丈夫也没有什么抱怨情绪，她说，虽然不能与最爱的人一起度过人生中最美的时刻是一种遗憾，但她却愿意将这种遗憾理解为一种祝福，希望雅安人民在这份祝福中坚强起来，也希望自己和丈夫的感情因为这份祝福而历久弥坚。

感动微信

读完这个故事，你们是不是和我一样，感动得想要落泪，想要为他们送上赞歌，却觉得任何词汇都显得太过苍白。

作为军人，在国家和人民有危难的时候，他们在第一时间站出来，牺牲了他们的青春，冷落了他们的家人，牺牲了他们最宝贵的人生经历，这种牺牲不是任何人都愿意承受和付出的。然而，他们没有抱怨，没有忘却他们的职责，甘于这样的牺牲，谁能不为他们点赞？

而让人感动的是他的新娘，为了守住他们共同对生活的承诺，竟然一个人完成了婚礼。

心中有爱，虽隔天涯，也如同近在身旁。

（李红娜）

心灵佳句

我知道我又难逃被谜语折磨的厄运了，可是这回我一点都不介意。

弟弟的谜语

［美国］艾琳·伯杰　翟振祥（编译）

“嗨，基思。”年幼的弟弟泰勒问我，“人们把慵懒的小袋鼠称作什么？”

我盯着课本，尽量不理他。

“嗨，基思，人们把慵懒的小袋鼠称作什么？”他又问了一遍。

“不知道。”我说。

“带育儿袋的土豆！”他爽朗的笑声霎时充满了整个房间，坐在沙发上的妈妈也禁不住咯咯笑了起来。

泰勒订阅了一份《逗你玩》幽默杂志，里面有数不清的笑话、恶作剧和趣味谜语，后者恰恰是他的最爱。可是自从有了这份杂志，我的梦魇生活就开始了。因为泰勒总是拿里面的一些谜语来纠缠我。

妈妈劝我对弟弟耐心些，她说弟弟让我猜谜语是因为他想讨我喜欢，以便我能和他一起玩，可是天天重复这样的游戏，谁能不烦呢？

“嗨，基思，什么时候门不再是门了？”泰勒问我。

“不清楚。”

“半开半掩的时候！”泰勒又一次大笑起来，居然乐得眼角噙满泪水。

短短五分钟，弟弟已经接连问了我12个谜语。他玩得不亦乐乎，我却感觉面颊渐渐发烫。“喂，泰勒，留些以后再猜好吗？”

“等等，基思，汉堡妈妈给女儿取名叫什么？”

“泰勒！”我终于失去了耐性，对他大声喊道，“够了，让你的谜语见鬼去吧！”

他突然安静下来。

“基思，态度好一点。”妈妈对我说，然后柔声转向泰勒，“宝贝，汉堡妈妈给女儿取什么名字？”

“Patty。（帕蒂，女名，又译小馅糕。）”他嗫嚅道。

吃晚饭时，泰勒一言不发，以前他可总是把杂志带到餐桌上来，一边吃饭，一边给我们念谜语的。这天晚上，他没有这样做。我如释重负，至少屋里肃静了许多。

用罢晚饭，我去了朋友布拉德家，我们一起制作科学课上要用的太阳系模型。

我和布拉德正在给行星涂颜色，他的妹妹妮塔凑了过来。“哥哥，我能帮你做模型吗？”她问道。

“不用，妮塔，我们不需要帮忙。”布拉德毫不犹豫地拒绝，妮塔没趣地走开了。

“她来帮忙也很好嘛。”我说。

布拉德耸了耸肩。

5分钟后，妮塔回来了：“哥哥，要不要瞧瞧我今天美术课上作的画？”

“不，妮塔，我们现在正忙。”布拉德说。他在给火星模型涂颜色，头都没抬。妮塔失望地离开了房间。

又过了大约10分钟，我和布拉德正在把行星模型按顺序排列组装，妮塔再次凑上前来。“嗨，哥哥，看看我膝盖上的伤痕，下午体育课上擦破的。”

“我一会儿再看，妮塔。”布拉德敷衍道，妮塔无聊地走开，仅仅不到1分钟，她又回来了，“哥……”

“妮塔！”布拉德粗暴地打断了她的话，“闪开，别烦我！”

妮塔讪讪地退出了房间。我为她难过，我能感觉到她只是想和哥哥在一起。

看到一脸沮丧的妮塔，我忽然想起了晚饭时的弟弟。此刻，我不再为他的沉默感到高兴了。

我和布拉德做完模型已经是晚上7点半了。我正欲离开，看到妮塔坐在前屋里，她依然闷闷不乐。

“你想猜个谜语吗？”我问她。

“好吧。”

“汉堡妈妈会给女儿起个什么名字？”

她来了兴致，想了想说道：“我猜不出来，什么名字？”

“Patty。”

妮塔乐了，我也笑了起来。“这个谜语是我从弟弟那听来的，他非常有趣！”

我回到家时，弟弟正坐在沙发上，一脸的郁郁寡欢。

“泰勒，知道吗？今天晚上，我把你的那个汉堡女儿取名Patty的谜语讲给布拉德的小妹妹听，她认为非常有意思。”

“她真这样认为？”泰勒眼睛明亮起来。

“当然，所以说咱们还得再找些谜语，以备下次去她家时用，而且也许哪天你也可以跟我一起去她家玩。”

“太好了！”泰勒兴高采烈地跑上楼去，当他回来，脸上洋溢着笑容，手里抱着几本《逗你玩》杂志。

我知道我又难逃被谜语折磨的厄运了，可是这回我一点都不介意。

感动微信

珍惜自己亲人的感受，把关爱给自己身边的人，难道不是一种幸福吗？

当我们看到被自己关爱的人变得开心快乐时，心里不会有很大的满足吗？

而且，关爱就好比一面镜子，也是相互的。我们对他微笑，它回以微笑；我们对他哭泣，它回以哭泣；我们把它擦拭的一尘不染，它也会还我们光彩照人；但如果我们把它弄的肮脏不堪，它也会把我们照的丑陋无比。

原来，关爱如此简单，何不从现在开始把爱送出去？

（米晓娟）

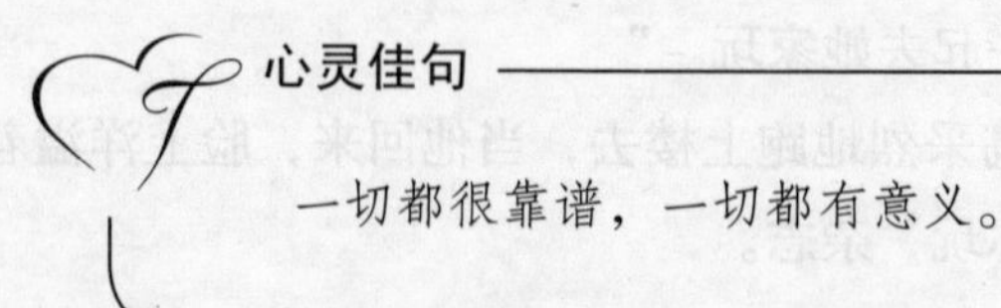

一切都很靠谱，一切都有意义。

树

[挪威] 阿澜 · 卢　铃子（译）

今晚我想起了外祖父。几周之前他给我讲了一个故事，一个关于世界有多美好的故事。

我的外祖父母住在一幢他们很久以前建造的黄色的木屋里，他们有个大花园，他们总是在花园里花费很长时间。花草树木对他们来说意义非凡。他们知道应在何时播种，何时浇水施肥，何时收获。他们总是讨论种植技艺以及把花送给朋友或家人这样的事情。

造房子的时候，外祖父曾种过一棵苹果树，在花园的最深处。我从没见过这棵树，我出生时树就不在了。

但是我听说过它。

树种上几年后，开始结出苹果来。有很多的苹果，外祖母常用苹果做果汁和果酱。

但是不幸发生了。

那是个清爽的夏天，苹果长得很大很漂亮，眼看马上就可以收获了。

但是一天早晨树被毁了。外祖父说当时看上去真惨。后来树就死了。

外祖父把这个不幸的消息告诉了屋里的外祖母。然后他脱下工作服，换了身干净的衣服，出门下坡，经过教堂，径直去了职校。

他和校长谈了话。

学校认真地处理了这件事，不久就有3个年轻小伙子认了错。

他们原本只是闹着玩，但是后来一发不可收拾。

他们很自责。

这不是什么大事，但是也挺严重的。外祖父和校长都认为应当照章办事。

那时候一棵苹果树值150克朗。最后决定，男孩们应该赔偿损失，每人50克朗。

外祖父说，当时这是一大笔钱。

男孩们应该每周支付一定的数额，从当年秋天一直到第二年春天。

外祖父亲自去过学校，他知道男孩们没有什么闲钱，而且他们的家长为了送他们上学也已经掏空了口袋。他们必须从自己的零花钱里挤出钱来，这意味着所有花钱的课外活动都必须大幅缩减。他们几乎买不成任何想要的东西了，不能去电影院，不能与女孩约会，几乎什么都干不了。

每个周六，男孩们总是红着脸来到外祖父母的家门口付钱。他们很少说话，只是飞快地伸出手，把硬币塞到外祖父的大手掌里。外祖父严肃地点点头，清点一下。就这样日复一日，冬尽春来。

5月，花园里又开满了花，职校也放假了，男孩们要回家了。最后一次上门时他们都穿上了漂亮的衣服，这对他们来说是个开心的日子。他们按了门铃，外祖母引他们进屋，请他们吃蛋糕和华夫饼。

男孩们吃了糕点并付清了最后一笔欠款，还握了外祖父、外祖母的手。

男孩们都觉得轻松了，头一次和外祖父攀谈起来。他们说了些学校的事情以及暑假的打算，他们说了他们都是从哪里来的……他们的脸上都是笑容，无债一身轻。

然后男孩们起身告辞。

外祖父也站了起来。

“等一等，”他说，“还有一件事。”

男孩们停了下来。外祖父走出客厅，走向厨房里硕大的橱柜，把手伸进柜子深处，拿出3个信封。然后他走向男孩们，塞给每人一个信封。

男孩们不明白是怎么回事，他们互相看了看，然后打开信封，眼泪从他们的脸颊上滚下来——外祖父把钱全都还给了他们。

外祖父说他一直打算把钱还给他们。这不是钱的问题，他说。

我想着那些男孩儿，现在他们都老了，已经过了50年了。

他们一定找到了世界真美好的感觉，一切都很靠谱，一切都有意义。

我揣摩着他们现在都在做什么，他们大约都有了自己的家庭，还有个种着苹果树的花园。

感动微信

只要动机纯正，措施恰当，惩罚也是一种施爱的教育方式。惩罚是一种约束和规范，但同时也是一种唤醒，是一种激励，更是一种爱的体现。惩罚的魅力，犹如树木成材前的剪枝过程，只要惩罚的动机良善，方法有针对性，并且适度，就能化腐朽为神奇，令违规者醒悟。诺贝尔奖获得者麦克劳得曾因偷杀爱犬被罚绘制狗的血液循环图和骨骼图；里根曾因踢碎邻居玻璃而被父亲罚做临工赔偿。这些高明的惩罚产生的精神力量不得不让人叹服。生活中，我们常常会犯各种错误。这时，师长会惩罚我们，但是这些惩罚都是善意的，我们应理解师长，认可师长。

（张倩）